99%のための経済学

理論編

「新自由主義サイクル」, TPP, 所得再分配,「共生経済社会」

佐野 誠
sano makoto

新評論

読者へ——「共生経済社会」のための理論を立ち上げる

> 近所の友達が行方不明になるかも知れない。
> でも恐竜はきっと絶滅するんだ！
> Charly García, "Los dinosaurios", en *Clics Modernos*, 1983

> 拝啓チャーリー：
> スサーナ・ヒメネスが言ってたことは正しいわ。
> 恐竜は絶滅しなかったのよ。いまでも生きてる。
> 元気いっぱいで，相変わらず世界を破滅させようとしているわ。
> Virginia Innocenti, "Los dinosaurios vivos",
> *Página 12,* 16 de diciembre de 2012

　本書『99％のための経済学【理論編】』は拙著『99％のための経済学【教養編】』（新評論 2012年）の姉妹編であり，【教養編】で概説した事柄のうち特に重要な論点について，その理論的根拠を提供しようとするものである。ただし本書はそれ自体としても体系的に編まれており，この【理論編】だけを独立に読んで頂いてもまったく差しつかえない。

　姉妹編 2 書の題名にある「99％」とは，よく知られるように，ひと握りの富裕層を象徴的に意味する「1％」には属さない，経済的・社会的・政治的に疎外された圧倒的多数の庶民を指す。この「1％対99％」の構図を乗り越え，誰もが多様な生の可能性を享受し合える「共生経済社会」を一体どう築いていくべきか——。またその前提として，「99％」がまさに「99％」とされてきた負の政治経済循環（筆者のいう「新自由主義サイクル」）の仕組みや，これ

を正当化する言説を，どのように相対化し批判すべきなのか——。こうした核心的な問いに少しでも答えようとすることこそ，この【理論編】の課題にほかならない。

❦

　具体的には，本書の4つの章は次のような論点に的を絞っている。
　はじめに**第1章**では，1970年代以来，世界の国々を再三襲ってきた政治経済循環「新自由主義サイクル」と，1980年代に顕在化するその日本型の特徴について，現時点での筆者の仮説を素描している。
　日本型「新自由主義サイクル」の仕組みを要約すれば，まず国内外の利害・権力関係に規定された自由化政策の結果として，経済が実物面でも金融面でもマクロ的に不安定化する。ただし，それは不完全ながらも（かつ利害関係による偏りをもちながらも）それなりに補整される。すると，これとほぼ併行して，またもや類似した事態（自由化→不安定化→補整）が繰り返されることになる。一方，この過程では失業・格差・貧困も広がり，共生の多元的な仕組みが破壊される。その結果として内需が次第に抑制されるようになり，このことがまた（外国の「新自由主義サイクル」などの外生的ショックに対する耐性を弱めて）循環の不安定性を増していく。

　自由化・規制緩和が続けられたことで，財・労働・金融・資本いずれの市場でも，30年前に比べて競争は議論の余地なく強まった。にもかかわらず，主流派経済学がいまだに手放そうとしない初級の「原理論」，つまり完全競争理論の予測とは正反対に，効率的な資源配分はまったく実現されておらず（失業率の高止まり！），不安定性は増すばかりである。資本主義経済としての「健康」指標である利潤率と資本蓄積も長期的に低迷し，共生とは真逆の事態の端的な指標である自殺率は統計史上最悪の水準を長年更新し続けている。

したがって，この競争偏重の循環構造を変革しない限り「99％」に未来はない——第1章はこのような構図を本質論的に描いている。

　なお，この第1章のはじめ，「新自由主義サイクル」の概念を一般的に論じているところ（第1節）のほか，本書では南米のアルゼンチンに何度かふれているが，これは「極東」に住む多くの読者には唐突に感じられるかも知れない。しかし過去十数年の間，繰り返し指摘してきたように（近年では拙著『「もうひとつの失われた10年」を超えて』（新評論 2009年）の序文を参照されたい），西半球の南部も含めて現代史を真にグローバルに顧みれば，実は同国こそが市場原理主義の実践の「原点」であり「典型」だということ——したがってまた，そこからの脱却方法の参照基準ともなりうること——は明らかなのである。地球の真裏の経験に繰り返し言及しているのは，このためにほかならない。この点，予め留意して頂きたい。

CR

　第2章には2つの論点がある。ひとつは「新自由主義サイクル」の過程で経済の自由化・規制緩和を正当化してきた一連の言説のうち，主流派経済学の基礎的な労働市場理論をとりあげ，その非現実的かつ反社会的な性格を批判することである。この理論によれば失業とは，政府や労働組合が労働市場を規制しようとして実質賃金が本来の均衡水準を上回るために生じる現象であり，逆にいえば失業を解消するにはそうした規制を撤廃すればよいということになる。しばらく前に一部の政党が最低賃金の廃止を選挙公約にしたことは記憶に新しいが，実はそれもこの思考法に由来する。

　こうした理論は実は歴史的事実とそもそも整合しないのだが，これは後述するように収穫逓減など誤った仮定を前提としているからである。それでは主流の労働市場理論に対する代案とはどのような

ものなのか。それは労働市場に対する財市場（有効需要）の影響を現実そのままに重視する理論であり、そのうち最も単純だが規範的な意味のあるモデルによれば、実質賃金の上昇（所得再分配）は消費性向が階級間で異なるため消費需要（したがって総需要と総供給）を増やす。この結果、雇用はむしろ増加することになる（補論ではより包括的な対案も紹介している）。

　第2章のもうひとつの論点は、まさしくこの延長線上にある。すなわち、上に述べた代案の発想を踏まえた簡単なマクロ経済モデル（総需要・総供給モデル）を想定したとき、貨幣賃金を引き上げて（所得再分配を実施して）内需を拡大しながら、他方で国際競争力を維持するには、一体どのような政治経済的要件が必要となるか——この実践的な主題について考察している。これは今回の姉妹編2書で「新自由主義サイクル」に対置されている「共生経済社会」の仕組み（本書では第4章を参照）のうち、労使間の「停戦協定」型の共生の再生条件を探ることでもある。

❦

　第3章もまた、経済自由化を正当化する言説の批判に当てられている。問題にするのは、環太平洋連携協定（TPP）への参加を誘導しようとする政府の議論である。ただし、これまでも政府のTPP推進論に対する反駁は農産物貿易、医療・医薬品、金融・保険、政府調達などに関連して数多く展開されてきた（【教養編】でもその一端にはふれている）。したがって、本書でそれを繰り返しても知の限界生産性は逓減するだけである。むしろここで照準を定めているのは、TPPの経済成長促進効果を「実証」したとされる内閣府の研究の理論的前提であり、技術的難点である。

　よく知られるように、この研究の結果は2010年秋に公表され、TPP

交渉への参加の正当性を国民に説得するうえで一役買った。一部の専門家や政治家は当初からそこでの推計方法に疑義を呈していたが，本章が論じているのはより根本的な問題点である。すなわち，研究に用いられた「応用一般均衡モデル」の前提におかれている仮定がまったく非現実的だということであり，また通常の計量経済分析にも増して技術的難点が顕著だということである。とすれば政府のTPP推進論は，少なくともこの面では（あるいは，この面でも？）根拠薄弱だということになる。同モデルを1980年代末から政策研究に援用してきた北アメリカの前例にも照らしながら，以上の点を明確にしておきたい。

CR

ところで当たり前のことではあるが，過去と現状を批判しているだけでは一歩も前進することはできない。そこで最後の**第4章**では，第2章の2つ目の論点（労使の新たな「停戦協定」＝所得再分配合意にもとづく内需拡大）も踏まえながら，「共生経済社会」のあるべき姿を構想する。もっとも，その包括的な見取り図は【教養編】第1章「#4 共生経済社会のデッサン」に取り急ぎ描いておいた。本書ではそこで提起したいくつかの論点のうち，本章の副題にもあるように，内需主導型成長と「FEC自給圏」の整合性を中心に考察を行う。ただし急いで付け加えておくが，【教養編】でも示唆した通り，「共生経済社会」の目標は経済成長それ自体にあるのではない。それは起こりうる結果のひとつにすぎない。要点はあくまで，多様な共生を可能にするような内需中心の経済発展構造の構築にある。

第1章でもふれているが，「新自由主義サイクル」が繰り返される過程で，日本経済は外需依存を深めてきた（2011年の原発事故以

降のエネルギー源輸入の増加と,円高や領土紛争に伴う輸出の減少のため,ごく近年の純輸出はマイナスに転じているが)。これを正当化する自由貿易論の基礎には古典派経済学以来の比較優位説が潜んでいるが,その前提におかれている仮定(完全雇用や資本移動の不在など)がいかにも非現実的であることは,いまだによく理解されているとはいえない。また外需依存,あるいは輸出・投資主導型の経済成長は,所得分配の不平等化を要求しがちであるほか,結局のところ「近隣窮乏化」をもたらし,世界全体では持続不可能である。

したがって第2章でもその政治経済的要件を考察しているように,やはり所得再分配にもとづく内需主導型「成長」が望まれる。純理論的には所得再分配が投資(そして総需要)を減少させる場合もたしかにありうるが,そのときでもこれを持続的に反転させる政策・制度を国内外にわたって措置し,他の国々と協調して内需中心のマクロ経済構造を築いていくことが期待される。

この転換が進めば,それは地域に広がる多様な「共生経済」や「FEC自給圏」をさらに後押しすることになる。なぜなら,そうした地域経済活動の少なくともある部分は,上級財(所得が増えると需要が増える財)を生産・消費しているからである。所得再分配は「共生経済」を支える「自覚的消費者」を掘り起こすうえで,十分条件ではないとしても,必要条件にはなりうる。しかも労使間にも「停戦協定」型の共生関係を復権させる。

こうして多様な共生のマクロ=ミクロ連環が拡大していけば,【教養編】第1章「#4 共生経済社会のデッサン」で素描したその他の多元的な共生の仕組みと合わせて,ひとつの一貫性ある「共生経済社会」が生み出されていくだろう。とはいえ,以上すべてを現実のものにするのは,あくまで日常的な「市民革命」の継続した実

践にほかならない。これもやはり【教養編】で示唆した通りである。

　　　　　　　　　　 ☙

　上に述べたような内容を盛り込んだこの【理論編】は，世界中の反主流ないし異端派の経済学（政治経済学）に多くを負っている。しかし，そのハードコアには，わずかな例外を除き従来の政治経済学では必ずしも十分明らかではなかった価値理念，すなわち＜多様な共生とその質的な向上＞が確固と位置している。この点は実はかなり重要である。というのは，うわべは政治経済学の用語を使っていても，このこと（だけではないが）を曖昧にしている結果，いつの間にか（主流派経済学のそれとほとんど変わらない）共生に反する思考法に陥っている例を，この「極東」の国では実によく見かけるからである。これとは反対に本書が目指すのは，【教養編】と同じく，あくまで「共生経済学」にほかならない。

　このように述べると，いかにも肩に力が入っていると思われるかも知れないが，いうまでもなく本書の考察はいかなる意味でも完全ではない。どんな理論書も本質的にはあくまで試案であり，試供品にすぎない。それゆえ本書の著者としては，読者との対話を今後も重ねることで，「共生経済学」としての「99％のための経済学」を絶えず改善していきたいと願っている。また，できれば読者の間でも議論を交わし，各自がより高度な理論武装を行えるようになって頂きたい。これも「共生経済社会」に向けた「市民革命」の重要な一環だろう。

　　　　　　　　　　 ☙

　本書は「共生経済学」の問題関心で統一されているとはいえ，過去数年にわたり異なる機会に発表してきた論考をまとめ，加筆した

ものである（初出情報は各章最初の脚注に記した）。そのため章によっては体裁が他と異なっているところもある。統一することも考えたが，元のままの方が読者にはかえって有益なこともあるかも知れないと判断し，あえて原型を残した。ご理解頂ければ幸いである。

　【教養編】に続いてこの【理論編】も，由緒ある老舗出版社，新評論から刊行させて頂くことになる。同社は形の上では株式会社であり，営利企業であるが，そこに働く人たちはさりげない社会的使命感を共有し，いわば「知の自覚的生産者」たる貌をもつ。そこに感知されるのは「社会的企業」の趣であり，さらにいえば「共生経済」の哲学である。その最前線で奮闘する山田洋編集長からは，今回も幾多の有益なご助言を頂戴した。それらを踏まえて，この【理論編】の現在の姿がある。改めて心より感謝申し上げたい。著者としては，あとは読者にこの共生・連帯の環へ加わって頂くよう願うのみである。

2012年12月
佐　野　　誠

目次 ✦ 99%のための経済学【理論編】

読者へ——「共生経済社会」のための理論を立ち上げる ……………1

第1章 「新自由主義サイクル」の罠
「99%」が組み込まれている政治経済的循環構造 …………15

はじめに　16

第1節　「新自由主義サイクル」とは　18

第2節　日本の事例　25

（1）政策・制度転換　25

（2）経済の実体的・金融的不安定化　27

　　A　金融危機の繰り返し　27

　　B　不安定な実体経済　32

（3）所得格差の拡大と実体経済の不安定化　35

（4）補整政策，対外的ショック，景気回復　41

（5）格差の拡大，共生の破壊，「経済テロリズム」　46

（6）外生的要因による不安定化　49

（7）政策・制度転換の対外的要因　51

第3節　長期の実績：利潤率と資本蓄積の低迷　53

おわりに　58

第2章　労働市場をどう理解し，どう変えるか
「99%」のための対抗戦略 ……………………… 61

はじめに　62

　第1節　新古典派の基礎的な労働市場理論とその問題点　63
　　§「働く貧困層」　64
　（1）新古典派の標準的な労働市場理論　65
　　§効率賃金　69
　（2）現実との照合　70
　（3）仮定の問題点　75

　第2節　新古典派理論とは異なる労働市場観　77
　（1）労働の限界生産性一定（収穫不変）が意味するもの　78
　（2）実質賃金の引き上げと失業の減少　79
　（3）政府と労働組合が高度成長に果たした役割　85
　　§成果主義賃金　88
　（4）開放経済における内需の回路の復権　89
　　§同一価値労働・同一賃金　93

おわりに　94

　§読書案内　95

補論Ⅰ：雇用レジームという視点——賃金主導型と利潤主導型　98
補論Ⅱ：階級別の租税負担比率を考慮したモデル　101
補論Ⅲ：内生的な貨幣供給のより現実的な想定　102

第3章　TPPの理論的批判
橋があると仮定して谷を渡る？ ……………………… 105

はじめに　106

第1節　TPP 論争と CGE モデル　107
第2節　CGE モデルの思考法　111
第3節　CGE モデルの問題点　113
第4節　対案　119
おわりに　124

第4章　「共生経済社会」の構想
　　　　内需主導型成長と「FEC 自給圏」の整合性を中心に　……125

はじめに　126

第1節　マクロの視点から考える　127
　（1）再確認：「新自由主義サイクル」という悪循環　127
　（2）自由貿易理論の問題点　130
　　　§比較優位説の例解　131
　（3）輸出・投資主導型成長の問題点　135
　（4）内需主導型の経済構造への転換　139

第2節　ミクロの視点から考える　144
　（1）「FEC 自給圏」と「共生経済」　145
　（2）足元の「共生経済」　149
　（3）内需主導型成長と「共生経済」の整合性　153

おわりに　159

いま一度，読者へ──「恐竜」とは誰なのか？………………162

参考文献　166

99％のための経済学
【理論編】

「新自由主義サイクル」，TPP，
所得再分配，「共生経済社会」

第1章
「新自由主義サイクル」の罠

「99%」が組み込まれている
政治経済的循環構造

はじめに[1]

 現代日本経済の動態に新自由主義的な政策・制度が重大な影響を与えてきたこと，それ自体は，これまでも多くの論者によって繰り返し指摘されている。しかし従来の研究では，そうした影響の結果，日本経済が歴史的にみて特殊な循環構造にはまり込んでしまったことが必ずしも十分には認識されていないか，あるいは循環性の認識はあってもそれが特定の時期や側面に限られている。全体像はまだ輪郭さえ素描されていないように思われる。

 一方，筆者たちは，1970年代後半と1990年代にアルゼンチンで繰り返された極端な経済自由化の経験から「新自由主義サイクル」（同国の公用語のスペイン語で標記すれば *Ciclo Neoliberal*；以下 *CNL* と略称する）という政治的景気循環の概念を導き出し，これを応用すれば日本経済をどう解釈し直すことができるかについて，世界的な視野から考察を重ねてきた。とはいえ，それもなお比較史的な記述にとどまるか（内橋, 佐野 2008／Alcorta 2009：Chapter 1），またはより分析的であっても特定の時期に限定されている（佐野 2011b）。

 以上の点を踏まえ，本章では，少なくとも過去30年近くにおよぶ日本経済固有の *CNL* の全体構造を分析的に素描してみることにより，「99％」が現在おかれている大状況を包括的に把握するための概念的枠組みを提供してみたい。要点は4つある。

 まず，①1980年代以降，市場の自由化・規制緩和，「小さな

---

1) 本章は佐野 2012a：第1章に加筆したものである。

政府」，賃金・雇用の柔軟化，株主重視の企業経営といった政策・制度転換が，国内外両面の複雑な政治力学のもとで本格的に進展した。その結果，②経済が実物面と金融面の両方で繰り返し不安定化すると同時に，所得格差の拡大，貧困の蔓延，大量自殺の持続など共生が困難な事態がみられるようになったが，後者は次第に内需を低迷させていき，このことが改めて経済の不安定化につながった。③こうした状況を補整する政策は利害関係に制約されて効果が限られ，かつ当初の問題を引き起こした政策・制度それ自体を温存するものでもあり，結局は①と②を継続させた。そして，④外国の CNL に由来する正と負のショック，為替レートの変動，自然災害などの外生要因が以上①〜③の螺旋状のうごきに融合することで，循環構造をむしろ強めてきた。

　本章は次のように構成されている。第1節では CNL という概念の一般的な説明を行う。次に第2節では，この概念を日本経済に応用し，そこにみられる循環構造の要因を記述的に分析する。これは日本版 CNL の概念的モデルともいえるものである。第3節は補足であり，この循環構造の結果，利潤率と資本蓄積が長期的に低迷してきたこと，つまり「民間活力」の利用を謳った新自由主義という名の「純粋資本主義」路線は，日本経済の活力をむしろ奪うものであったことを確認する。

第1節
「新自由主義サイクル」とは

　*CNL*とは何を意味するのだろうか。それは一言でいえば現代資本主義経済に固有の景気循環であり，後述する国別・時期別の違いを取り急ぎ捨象して最大公約数的にまとめれば，基本的には次の3つの要素の螺旋状のうごきからなるように思われる。

　その第1は，企業（特に大企業）経営者や資産家にとっての経済的自由を広げるような政策・制度転換である。具体的には，市場競争に対する規制のご都合主義的な緩和や廃止[2]，賃金と雇用を景気変動に応じて柔軟に調整する労務管理，従業員をはじめとした多様な利害関係者よりも株主や経営者自身を優遇する企業経営，富裕層や企業の税負担を軽減し（この一方で消費税等により中間層以下の負担は増やし）財政支出を選別的に抑制・削減する「小さな政府」などである。また，これらの政策・制度転換は国民全体の長期的利益にかなうものだという理論的・思想的正当化が，経済学者やマスメディアによって行われる。

　第2は，これに伴う経済の実物的・金融的不安定化ならびに

2）「聖域なき規制緩和」を唱える一方で，独占禁止法に触れる活動を行ったり（あるいは文字通りの地域独占企業であったり），知的財産権（技術独占）の厳格な適用を求めたりする，といったことである。

所得格差の拡大である。前者にはさまざまな形態がありうるが，たとえば在庫循環や設備投資循環（したがって GDP）の振幅の度合いが従来以上に強められたり，従来みられなかったような金融危機や通貨危機が発生したりすることを指す[3]。また後者，つまり所得格差の拡大は，消費性向が富裕層，中間層，貧困層と順に高くなることから，長期的には消費需要を中心に内需の低迷，逆にいえば外需への依存（貿易赤字が生じている場合は資本流入への依存）を引き起こし，前に述べた経済の不安定化傾向を改めて強める。

第3は，こうした不安定化や所得格差の拡大を引き起こした政策・制度は温存したまま，問題を応急的に補整するだけの政策対応である。ここには財政政策，金融政策，貿易政策，通貨政策，社会政策などが含まれるが，先にあげた政策・制度転換と同じくこれらにもまた，支配的な経済利害や新自由主義的な経済思想を反映した偏りがある。このため客観的な合理性を欠き，効果も限られたものになりやすい。その一例は，景気対策として財政出動を行いながら，これと前後して逆進的な間接税の増税や富裕層減税を進めるような場合であり，このとき前者による需要注入は後者に伴う消費需要の減少の分だけ割り引かれてしまう[4]。

---

[3] 内橋 2006では，*CNL* に備わるこの金融的不安定化の側面を重視した議論が展開されている。
[4] また，やはり景気対策が打たれる際に，確実に需要増加が見込める財政出動（公共投資，大衆消費への補助金）や所得再分配ではなく，民間投資を刺激する利下げや減税や補助金（それらは企業の確信の状態いかんでは効果が薄くなる）が思想的理由で優先される，というような場合も同様である。Kalecki

景気循環というと，あたかも時代や国を超えた普遍的なメカニズムがあるかのように思われがちである。事実，経済学教科書や経済学辞書にも，そうした説明がよくみられる。しかし資本主義経済（またかつての社会主義経済や移行経済）の歴史を素直に振り返れば，景気循環のあり方は国や時代によって多様な姿をとっていたことがわかる[5]。外国由来のランダムなショックの影響は別としても，一定の周期をもつとされる在庫循環や設備投資循環などは（若干の例外を除けば）実際にはほとんど不規則であるし，景気循環に関する多くの学説（Sherman and Kolk 1996）も，どれひとつとして多様な現実を説明し尽くすことはできない。

これは経済をとりまく政策や制度が国や時代によって異なり，そのことが諸市場の需給要因間の因果関係にも反映して，景気循環のあり方に差異を生じさせるからである。そして政策・制度それ自体は対立する利害や思想の力関係によって決まるため，実はおよそどの景気循環も根本的には政治的な性格をもつ。これは CNL の場合も同様であり，この意味でそれは政治的景気循環にほかならない[6]。

1990（1943）／Kalecki 1990（1944）は，この点を想起させてくれる。
5） 19世紀と20世紀の景気循環形態の比較はボワイエ 1992，戦後日本の景気循環史の概要は山家 2005を参照。また，より一般的に資本主義経済の多様性についてはクラウチ，ストリーク 2001／アマーブル 2005／遠山 2010を参照。
6） 政治経済学の世界で政治的景気循環といえば，現在でも Kalecki 1990（1943）が必読文献である。周知のように，それによれば，好況時に完全雇用が続くと労働者の交渉力が高まるため，資本家が政府に緊縮政策をはたらきかけるようになり，この政治力学の結果として景気循環が起こる。また，これに類した事態が1937～38年のアメリカでみられたとされる。一方，本文中で筆者が

世界を見渡しながらこれまでの経験から判断すると，この政治的景気循環としての CNL 自体もまた，なにか一通りの普遍的なメカニズムをもつものではない。本節の冒頭では世界の主な事例から抽象した「共通」の特徴を取り急ぎあげてみたが，実際には歴史的初期条件，政治的背景，自由化・規制緩和等の内容・順番・組み合わせ，危機の補整の仕方などに違いがあるため，国ごとに循環の発生時期・因果関係・形態・強度が異なるし，同じ国でも時期が違えば異なる姿をとりうる。さらに CNL は国家間で国際的に融合することもあり，その場合，循環の強度は対外的ショックを受けて増幅される。

　一例をあげよう。Harvey 2005や Klein 2007も指摘する通り，教条的な自由化政策を世界に先駆けて開始したのはチリだが，隣国のアルゼンチンはこれにほどなく続いて同様の制度転換を行い，さらに（チリとは異なり）それを後により徹底して繰り返した。ペロニスタ政権下の急激な利潤圧縮（佐野 1998：第4章）と深刻な政治危機をうけた1976年の軍事クーデターが，この新自由主義の長期波動への突破口となった。労働運動の弾圧を伴う労働市場の暴力的な規制緩和やマネタリー・アプローチの採用（中央銀行の裁量的金融政策の否定）を含む，最初の極

政治的景気循環と表現している事態は，カレツキが見出した上記のような類型に限られるわけではない。世界の現実を広く観察すれば，利害関係や経済思想が政策・制度を介して景気循環に影響する仕方は，はるかに多様である。たとえば1950年代〜70年代前半のアルゼンチンでは，農牧業輸出利害，外国資本と提携した大企業，現地資本中小企業，組織労働者の4者間で複雑な抗争が展開され，それが世界的にみて早期のスタグフレーションを含む特有の景気循環に帰結した（O'Donnell 1977／Peralta Ramos 1978）。

端な自由化の試みは、1980〜81年の金融・通貨危機とともにいったん終了する。その後遺症として残された対外債務危機の果てに、1989年、ハイパー・インフレ危機が発生すると、今度は「委任型民主主義」（O'Donnell 1997：本章注11も参照）の下で、2回目のさらに徹底した自由化政策（カレンシー・ボード制という過激なマネタリー・アプローチの導入に象徴される）が正当化された。この試みは大量失業（国内不均衡）、持続的な経常収支赤字（対外不均衡）、そして最終的にはまたもや通貨危機を結果し、2001年末に破綻する。

この間、固定相場制（または期待インフレ率を下回る逓減的な通貨切り下げ）と金融自由化を制度的前提とした、「FNサイクル」（Taylor 1998）と呼ばれる投機資本主導型の景気循環が3回みられたが、1990年代の2回は投資循環でもあり、1970年代末の1回は在庫循環を伴った。また自由化が始まった当初の1976〜77年には、これらとは異なる実物的な短い投資循環（その前後にスタグフレーションを伴う）も1回検出できる。さらに各循環の危機局面には通貨、貿易、金融、社会の各政策により補整が行われたが、その内容も必ずしも同一ではない。他方1990年代には、それ自体「FNサイクル」の結果であるメキシコ、アジア、ロシア、ブラジルの通貨危機など、いくつかの対外的ショックが、アルゼンチンの同サイクルの危機局面を前倒しに発生させている[7]。

---

7) アルゼンチンの2回にわたる新自由主義経験の全体構図の理解は、主にCanitrot 1980とDamill, Frenkel y Mauricio 2003の本質的な分析に負う。日本語では佐野 1998：第4章／佐野 2009：第3章を参照。「FNサイクル」については

以上の考察を踏まえて次節では日本の CNL の記述的分析を行うが，その前にまず，それがいつ頃姿を現したのかについて考えておこう。確定的な判断はむずかしいものの，ひとつの候補は，第 1 次石油ショック前後の利潤圧縮とインフレ危機のさなかに政府の意図的なデフレ政策のもとで賃上げが抑制され[8]，これを一因として，国際収支天井によって循環的に制約された従来の内需主導型成長から新たに輸出主導型経済成長（Uemura 2000）への転換が進んだ時期である。実際それまでにも貿易関税一般協定（GATT）交渉や経済協力開発機構（OECD）加盟の関係で貿易・投資の自由化が進められてきており，同時代の観察者が「新自由主義」（宮崎 1966：172-174）と呼ぶ事態が起こり始めてはいた。また1970年代には，実効性はともかく金融自由化も一応は始まりつつあった。こうみてくると，日本の CNL もアルゼンチンと同じく1970年代半ばに始まったのだと解釈できないこともない。

　もうひとつ考えられるのは，1980年代，特に1986年末に始

佐野 2009：第 8 章も参照。

[8]　不況で企業経営が悪化し労組が解雇の危機感を募らせるなか，財界，協調派労組，自民党政府が非公式に協力し，1975年春闘での賃上げ抑制を成功させた。これは左派色の強いナショナル・センター（総評）が大幅な賃上げを要求したのに対抗したものである（新川 1993）。当時「日本型所得政策」と呼ばれたこの政労使合意は，その後の春闘の形骸化，つまり賃金が生産性や物価の伸びに必ずしも連動しないような形で決まる傾向への転換点となった。また企業の労務管理のレベルでも，未組織・低賃金の女性パート・タイマーが多用されるようになる。これらは全体として労働市場に対する労組の規制の緩和を意味し，その点で CNL の出発点を印したものともいえる。この傾向は，1987年の国鉄民営化に伴う戦闘的な労働運動（国労）の弱体化と，その後の労使協調派主導の労働運動統一（連合）によって頂点に達する。

まるバブル経済の循環（内閣府景気基準日付の第11循環：1986年11月の谷→1991年2月の山→1993年10月の谷)[9]を起点として CNL が始まったという見方である。1970年代末の財政危機に伴い中曽根政権（1982〜87年）の少し前から行政改革や「民間活力の利用」という名の「小さな政府」路線が明確に打ち出され，アメリカや銀行・大企業など国内外の諸利害の圧力を受けながら金融自由化が本格的に進み，派遣労働の限定的な認可（1986年）や部分的な労働開国（技術協力を名目とした主にアジア諸国からの不熟練労働者の受け入れに加え，1990年に日系人の単純労働を合法化）という形で労働市場の規制緩和も始まっている。そしてなにより景気循環のあり方も，バブルとその崩壊に伴う金融不安定化や，これと併行した（高度成長末期以来の）大型の設備投資循環など，従来とは明らかに異質の特徴を示すようになった。このようにみると，1970年代半ばから1980年代半ばまでの時期は，むしろ CNL への転換期だったのではないかとも考えられる。

　次節では，以上のうちひとまず2番目の見方に立ち，主にバブル経済以降を想定しながら，日本の CNL の概念的なモデルを分析的に記述することにしよう。

9）　念のために第12循環以降の景気基準日付を記せば次の通りである。第12循環（1993年10月→1997年5月→1999年1月），第13循環（1999年1月→2000年11月→2002年1月），第14循環（2002年1月→2008年2月→2009年3月），第15循環（2009年3月→）。第15循環の山は本章執筆時点ではまだ認定されていない。

第 2 節
日本の事例

図1（26頁）をみてほしい。囲みが7つあり，それぞれにローマ数字Ⅰ～Ⅶが記されている。基本的にこの順番で議論していくが，ⅡはⅤおよびⅥと，またⅢはⅣおよびⅥと関連づけて説明する。ただしⅤとⅥについては，あとで改めて簡単に論じ直す。

(1) 政策・制度転換

初めにⅠであるが，これは新自由主義の政策・制度転換のうち主なものを表す。その具体的な内容はⅡとの関連で述べることとし，ここではとりあえず次の点に注意しておこう。

第1に，これらは常に併行して連続的に進められたわけではない。たとえば企業経営が株式市場重視へと転換するのは1990年代半ば以降である。金融自由化[10]，労働市場の規制緩和，大規模小売店の地域進出や交通・運輸に関連する規制緩和，また「小さな政府」にかかわる施策なども，数回にわたって断続的に実施されている。一方，コメの国内価格自由化やミニマム・アクセス（1995年）のように，一度で画期的な制度転換となる

---

10) ここでは基本メニューである金利規制・業際規制・資本移動規制の撤廃のほか，経営難に陥った金融機関の放置や不良債権の最終処理など，放任・清算主義的な金融行政も含めて考える。

図1 日本の「新自由主義サイクル」の概念的モデル：1980年代半ば以降

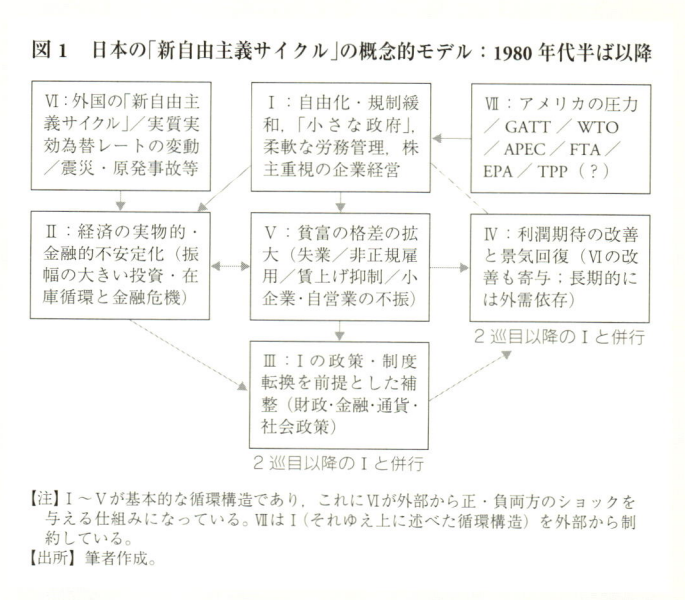

【注】Ⅰ～Ⅴが基本的な循環構造であり，これにⅥが外部から正・負両方のショックを与える仕組みになっている。ⅦはⅠ(それゆえ上に述べた循環構造)を外部から制約している。
【出所】筆者作成。

ものもあった。

　第2に，ここには政府の経済・財政政策のほか，企業経営や雇用関係にかかわる制度の変化も含まれている。企業が従業員・取引業者・地域社会など多様な利害関係者の制約を受けながら営利活動を行う状態から，主に株式市場の評価や大株主の意向を考慮する方向に転換するのは，社会一般による規制からより自由になることを意味する。また賃金や雇用を景気変動に応じて柔軟に調整するような労務管理も，企業の裁量権を強める。政策レベルの自由化・規制緩和や「小さな政府」だけが新自由主義なのではなく，こうした社会レベルの「規制緩和」や

「構造改革」も本質的には同じ性格をもつのである。

　第3に，以上の政策・制度転換は，時系列的に整理すれば，およそ次のような国内政治動態の下で進行した（大嶽 1994／大嶽 1995／後藤 2002）。すなわち，①財界関係者や主流派経済学者が中心の諮問機関（1981年の第2次臨時行政調査会から現・安倍政権下の経済財政諮問会議に至る）を利用した，行政府主導の非民主的な政策課題設定あるいは「国民的合意」形成の偽装[11]，②1987年の国鉄民営化による戦闘的労働運動の解体とそれに伴う最大野党・社会党の衰退，③ソ連・東欧型国家社会主義圏の崩壊で優位に立った新自由主義思想が有力政党に浸透したこと，④多様な利害や思想の反映を妨げる小選挙区制の衆議院議員選挙への導入（1996年）である。このほか，次項以下で検討するような経済の不安定化それ自体も政治・社会的なショックを誘発し（Klein 2007），ネオリベラルな政策・制度転換の触媒となった。

（2）経済の実体的・金融的不安定化

A　金融危機の繰り返し　　次に図1のIIに移ろう。これはIのような政策・制度転換が繰り返された結果，経済が実物面・金融面の両方で不安定化したことを示している。このうち金融的

11）　やや拡大解釈になるが，これは日本版の「委任型民主主義」（O'Donnell 1997：Capítulo 10）だといえなくもない（佐野 2009：119-120）。この概念はより平易に「おまかせ民主主義」といいかえることもできるだろう（内橋，佐野 2008／佐野 2012b：第6章「#7 日本も「おまかせ民主主義」なのか」）。

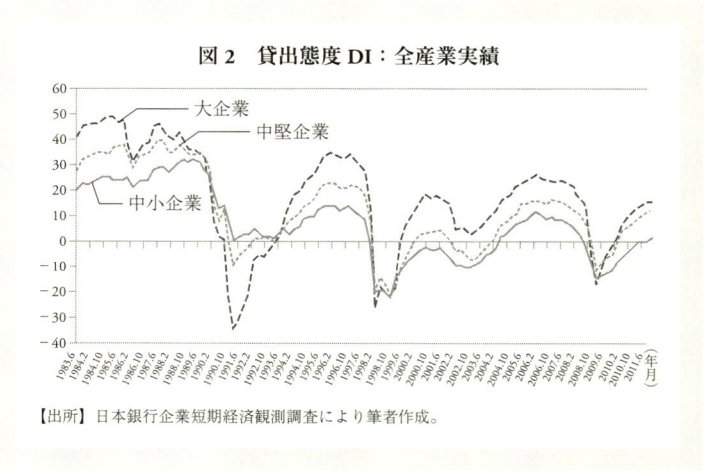

図2　貸出態度DI：全産業実績

【出所】日本銀行企業短期経済観測調査により筆者作成。

な不安定化を代表するのは，①資産バブルとその崩壊（1986年末～91年）に伴うバランス・シート不況，②バブル経済期の過剰投資金融，③1997～98年以降の全般的な信用収縮とそれによる多数の中小企業の破綻，および④2008～09年の信用収縮である（図2）。このうち④がアメリカの CNL の下降局面（住宅バブルの崩壊に由来する金融危機）に伴う株安の影響を強く受けたものであること，つまり主に図1のⅥの要因であることを別とすれば，他はどれも多くはⅠに起因した事態にほかならない。これは1970年代まではみられなかった現象である[12]。ここでは，

12）　金融機関の貸出態度は，2001年末から2002年にかけても中小企業や中堅企業を中心にやや厳しくなっている（図2）。その一因は当時の政権が不良債権の最終処理を急がせたことにあるが（当時の財務大臣・竹中平蔵にちなんで市場で「竹中ショック」といわれた事態），このほかにアメリカのCNLの下降

その要点を述べよう[13]。

まず、①資産バブルとその崩壊に伴うバランス・シート不況である。地価・株価を中心とした資産バブルの原因としては、プラザ合意（1985年）後の円高不況への対策（かつ対米貿易摩擦対策）として政策金利がかつてなく引き下げられたことがよく指摘される。しかし、これは一因にすぎない。それに前後した主に中曽根政権期の次のような制度的文脈が重要である。すなわち「民間活力」による都市再開発のための国有地の高値払下げや建築規制の緩和、富裕層減税による余剰資金の発生、民営化された電信電話企業（NTT）の株式放出、資本市場の規制緩和に伴う「大企業の銀行離れ」と代替的な融資先（中小不動産業など）をめぐる銀行間競争の激化、そして資本規制撤廃と円高を利用した大企業の投機行動（ユーロ市場においてマイナス金利で資金調達を行い、それを資産運用に利用）[14]である。土地と株のバブルは日本銀行の政策金利引き上げと土地融資総

局面（ITバブルの崩壊；図1のVIの要因）や後述する「小さな政府」不況の圧力も関係している。

13）以下、関連した事実や経緯は、特に断らない限り、赤羽 1997／伊東 1988／伊東 1999／伊東 2000／伊東 2006b／宇仁 2009／宇仁、山田、磯谷、植村 2011／大嶽 1994／大嶽 1995／衣川 2009／クー、村山 2009／芳賀 1993／宮崎 1992／山家 2005／吉富 1998を主として参考にしている。

14）伊東 1988。1985年のプラザ合意で円高は当面確実となり、変動相場制下にありながら為替リスクが一時的にせよ著しく低下した。これは固定相場制の下での為替リスクの消滅と機能的に等価であったといえる。他方、資本規制撤廃は金融自由化の一環であった。こうしてみると当時の日本でも、前述した「FNサイクル」と同様のうごきが現れても不思議ではなく、事実、円高が一段落するまでの間、とりわけ1987年に集中して投機が行われたのである。このバブル経済の「ラテン・アメリカ的」側面については佐野 2009：267-269を参照。

量規制,および外国金融機関の投機行動[15]によって1990〜91年に崩壊し,資産価格暴落の結果,企業と銀行の財務が急激に悪化することになる。債務返済が優先されて実物需要が滞る,バランス・シート不況(クー,村山 2009)の構造が残された。

次は②バブル経済期の過剰投資金融である。バブル経済は実は高度成長末期以来となる大型の設備投資ブームでもあり(後出**表1**),住宅投資も需要を押し上げた。その一因は上でもふれた政策金利の大幅な引き下げであるが,それ以前から進んでいた資本市場の規制緩和の結果,大企業が比較的低コストで資金調達できるようになり,従来よりも期待利潤が低い投資プロジェクトを実行するようになったことも無視できない。また①で述べた諸要因によるバブルが資産効果を生み出し,これが投資の盛り上がりを後押しした可能性もよく指摘される[16]。逆にバブル崩壊後はマイナスの資産効果がはたらき,ここに前述したバランス・シート不況も加わって,1990年代半ばまで設備が過剰化し(また利潤率が低下し),投資も絶対的に減少してい

---

15) 相対的に有利な海外投資先への資金流出(宮崎 1992:202)や,1986年に営業を新たに許可された外国証券取引会社と外国銀行が,1988年9月から開始された株式指数先物取引(特に裁定取引)を用いて株価を暴落させたことの影響が指摘されている(同上:210-211)。

16) ただし総務庁(当時)の家計調査によれば,1988年における非勤労者世帯の実質消費増加率(2.2%)は勤労者世帯のそれ(3.3%)を下回っていたし,さらに1989年には-0.4%と落ち込み,勤労者世帯の0.7%とは好対照をみせた(吉川 1999:45)。1989年には税率3%の消費税が導入されており,(消費税と同時に実施された所得税減税にもかかわらず)前年の駆け込み需要の反動減が生じたと考えられるが,その点を考慮しても,キャピタル・ゲイン(そのほとんどは非勤労者世帯が得る)の消費刺激効果は通常想定されているほどには大きくなかったとみられる。

る。こうした躁鬱的な投資循環も，自由化政策の結果として金融面から誘発された側面があることに注意しなければならない。

最後に③1997〜98年以降の信用収縮である。1990年代も金融自由化はさらに進んでいくが，この過程で，金融機関によってはそれに対応しきれないところも出てきていた。たとえば高度成長期の設備投資金融に重要な役割を果たした3つの長期信用銀行（日本興業銀行，日本長期信用銀行，日本債券信用銀行）は，資本市場の自由化により大企業が内外で独自に資金調達できるようになったことから，すでにそれまでも優良顧客を失ってきていたが，この傾向は変わることがなかった。また法人取引が多かった老舗の山一證券も，証券売買手数料の自由化で大口の手数料が事実上ゼロとなったことが，経営悪化の一因になっていた。一方，バブル崩壊後に残された不良債権も，1990年代半ばの景気好転で全体としては一時減少したとはいえ，一部の都銀などではなお財務の圧迫要因になっていた。

このなかで実施された1997年の財政構造改革（後述）が景気を後退させ，そこにアジア通貨危機（**図1**のⅥの要因）が重なって株価が下がると，一挙に金融不安が広がった。ところが当時，金融自由化の総仕上げを謳っていた政府は以前にもまして自由放任主義に傾いており，苦境に陥った金融機関を放置してしまう。不安はさらに広がり，経営不振の金融機関に資金ショートが起こった。先の山一證券にいたっては，当時アメリカでさえ認められていなかった株式の空売りが最後の一撃となり，自主廃業を余儀なくされる。ほかにも三洋証券，北海道拓殖銀行，日本長期信用銀行，日本債券信用銀行など大規模ないし中

堅の金融機関が次々と破綻して信用収縮（貸し渋り，貸しはがし）が起こり（**図2**），多数の中小企業が破産していった。高度成長期に1％台であった完全失業率はバブル崩壊後3％台に達していたが，ここへきてついに4％台となり，それまで人口10万人当り20人未満に収まっていた自殺死亡率も1998年には1950年代半ばと並ぶ過去最高の25人強を記録した（そして2011年まで，これと大差ない水準で更新され続けている；後出**図5**）。

B　不安定な実体経済　　次は図1のⅡのうち実物的不安定化の側面をとりあげよう。バブル経済循環以降，実質GDP成長率の変動係数は従来よりも高まっており（1961〜86年：0.62, 1987〜2010年：1.59）[17]，経済の相対的な不安定性が強まったのはたしかである。その一因は先に指摘した金融危機であるが，このほかに実物的要因もある。製造業の賃金と雇用（したがって総実質賃金所得）の産出量弾力性がそれまでと比べて上昇した結果，消費や投資が経済の循環変動を強めるようになったのである。これは1986年の労働者派遣法施行にはじまる労働市場の規制緩和[18]や，労務管理レベルの雇用の柔軟化（賃金のジェンダー・ギャップ，女性パート・タイマーの多用，男性非正規労

17）World Bank, *World Data Bank Online*, *World Development Indicators* の年次統計を用いて算出した。
18）派遣労働が合法とされた業種は当初は限られていたが，その後次第に増やされていき，2004年には製造業でも認可された。現在はごく一部の分野を除き基本的に合法であるほか，登録型派遣のような非常に不安定な雇用形態も認められている。また有期雇用の契約上限年数も引き上げられていった。

働者の増加）によって説明される（宇仁 2009）。また1990年代半ば以降強まった株式市場指向の企業経営も，人件費の削減を通じた短期的利益の追求を正当化した点で，以上の新自由主義的な政策・制度転換と相互補完的な関係にあったとみてよい。

　経済の実物的不安定化に関連しては，前にもふれた1997年の財政構造改革の影響も見逃すわけにはいかない。1990年代には財政赤字が急速に増加したが，その主因は，1980年代以来の大幅な富裕層減税や法人税減税，主に新自由主義的な政策・制度転換の結果であったバランス・シート不況（またそれに伴う内生的な税収減少），これを繰り返し補整するための莫大な景気対策支出（**図1**のⅢの要因）にこそ求めるべきであった。ところがそこは問題にせず，財政赤字の膨張それ自体や「高齢化による社会保障の肥大化」といった表象だけを強調して危機感を喚起し，「社会的共通資本」（宇沢 2000）がなお貧弱な国で無差別に公共事業を削減するだけでなく，逆進的な消費税の税率や医療費・薬剤費をも引き上げる——これが橋本政権（1996〜98年）による1997年の財政構造改革の実質的な意味合いであった。大企業経営者や富裕層の経済的自由を増すだけの，その意味で「小さな政府」志向の財政再建である。

　当然ながら政府支出の経済成長率寄与度はマイナスになる（**表1**）。一方，消費税率引き上げは前年度に駆け込み需要（消費，住宅投資，在庫投資）を生み出したが，その後は反動減が生じ，そこに改革全体の所得分配不平等化効果が加わって，民間支出も一挙に冷え込んだ。そして，これによる景気後退と先ほど述べた金融面の諸要因が重なり，バブル崩壊直後に懸念さ

表1 需要項目別の実質GDP成長率寄与度

年 項目 (%)	1981	1982	1983	1984	1985	1986	1987	1988	1989	1990	1991	1992	1993	1994	1995
実質GDP成長率	4.2	3.4	3.1	4.5	6.3	2.8	4.1	7.1	5.4	5.6	3.3	0.8	0.2	0.9	1.9
民間最終消費支出	1.0	2.5	1.8	1.6	2.3	2.0	2.4	2.8	2.6	2.8	1.2	1.1	0.5	1.2	1.0
民間住宅	-0.2	-0.1	-0.3	-0.1	0.1	0.3	0.9	0.7	-0.1	0.2	-0.3	-0.3	0.1	0.4	-0.2
民間企業設備	0.7	0.3	0.0	1.4	2.7	1.0	0.9	2.7	2.9	1.8	0.9	-1.5	-1.8	-0.9	0.5
民間在庫品増加	-0.1	0.0	-0.4	0.1	0.9	-0.5	-0.2	0.6	0.0	-0.2	0.2	-0.1	-0.2	-0.2	0.6
政府	1.2	0.4	0.7	0.6	-0.8	1.2	0.8	1.0	0.4	0.9	0.7	1.4	1.4	0.7	0.6
純輸出	1.5	0.3	1.2	0.8	1.1	-1.1	-0.7	-0.7	-0.4	0.0	0.6	0.5	0.1	-0.2	-0.6
輸出	1.8	0.2	0.7	2.1	0.8	-0.7	0.0	0.7	0.9	0.7	0.5	0.4	0.0	0.4	0.4
輸入	-0.3	0.1	0.5	-1.3	0.3	-0.4	-0.7	-1.3	-1.4	-0.7	0.1	0.1	0.1	-0.6	-1.0

年 項目 (%)	1996	1997	1998	1999	2000	2001	2002	2003	2004	2005	2006	2007	2008	2009
実質GDP成長率	2.6	1.6	-2.0	-0.1	2.9	0.2	0.3	1.4	2.7	1.9	2.0	2.4	-1.2	-6.3
民間最終消費支出	1.4	0.4	-0.5	0.6	0.4	0.9	0.6	0.2	0.9	0.8	0.9	0.9	-0.4	-1.1
民間住宅	0.6	-0.6	-0.7	0.0	0.0	-0.2	-0.2	0.0	0.1	-0.1	0.1	-0.4	-0.3	-0.5
民間企業設備	0.2	1.2	-1.0	-0.6	1.0	-0.2	-0.7	0.6	0.8	1.3	0.3	0.4	-0.2	-2.7
民間在庫品増加	0.1	0.1	-0.2	-1.0	0.9	-0.2	-0.3	0.2	0.3	-0.1	0.2	0.3	-0.2	-1.5
政府	0.8	-0.5	-0.1	1.1	0.0	0.3	0.1	-0.3	-0.2	-0.2	-0.2	0.0	0.2	0.9
純輸出	-0.5	1.0	0.4	-0.1	0.5	-0.8	0.7	0.7	0.8	0.3	0.8	1.1	0.2	-0.5
輸出	0.5	1.1	-0.3	0.2	1.3	-0.8	0.8	1.0	1.7	0.9	1.4	1.4	0.3	-4.2
輸入	-1.0	0.0	0.7	-0.3	-0.8	-0.1	-0.1	-0.4	-0.8	-0.7	-0.5	-0.2	-0.1	2.7

【注】政府最終消費支出、公的固定資本形成、公的在庫品増加は「政府」として一括した。
【出所】内閣府、2009年度国民経済計算、2000年基準93SNA、支出側・実質・連鎖方式系列表。一部簡略化した。

れていた信用収縮がついに1998年,日本を本格的に襲ったのである(**図2**)。そこからの脱出は,Ⅰの枠組みを温存したまま補整的に実施された景気対策および金融機関救済策と,それらによる利潤期待の改善を待たねばならなかったが,この点は次のⅢに関する説明でまたふれよう。

なお,これと本質的には同種の「小さな政府」不況の圧力は,その後も2000年から2008年にかけて持続しているのだが(経済成長への政府支出の寄与度は2001年を除いてごく小さいか,ゼロまたはマイナス;**表1**),この間まがりなりにも景気は好転している。よく知られる通り,これは外需とそれに多少とも連動した投資が比較的好調だったからである。その背景要因としては,アメリカの CNL の上昇局面(サブプライム・ローンの証券化等が主導した住宅バブル;**図1**のⅥの要因)のほか,後述する金融面でのデフレ補整政策の結果である通貨安や賃金費用の低下(それぞれ**図1**のⅢとⅤの要因;以上の結果,実質実効為替レートは大幅に減価している)も指摘できる。

(3) 所得格差の拡大と実体経済の不安定化

経済の実物的不安定化については,別の視角からもうひとつ重要な論点を提示しておこう。**図1**のⅤに記した所得格差の拡大(また関連してⅡ自体とⅥ)の影響である。

よく知られているように,1980年代以降,年間収入のジニ係数の各種推計値と相対的貧困率は長期にわたり上昇傾向にある[19]。

---

19) 年間収入のジニ係数と相対的貧困率の詳細は,総務省や厚生労働省の各種推計を参照(http://www.stat.go.jp/data/zensho/2009/keisu/yoyaku.htmおよびhttp:/

ここでは後者の推移のみ**図3**に示しておくが，2003年時点の値（14.9％）が同時期のOECD諸国の比較可能なデータと比べて4位の高さにあったことも周知の事実である[20]。こうした所得分配の不平等化に関しては一時，所得格差がもとも︀と︀大︀き︀い︀高齢者層の比率の高まり，つまり高齢化が原因であり，見かけ上のもので心配する必要はないという説（大竹 2005）が政府筋を中心に広まった。この見方は現在も無視できない影響力をもつが，これは問題の一面を明らかにしたものにすぎず，次のように格差の拡大は紛れもない現実である。

　第1に，政府自身も認める通り，労働所得の格差が拡大してきているが（内閣府 2006：273／厚生労働省 2010：188-194），これは主に現役世代に関わる事態である。**図3**のうち「③子どもがいる現役世帯の貧困率」の上昇傾向も，その傍証となるだろう[21]。この問題の背景としては，労働市場の規制緩和や景気即応型の労務管理にもとづく雇用の非正規化，能力主義の強化や成果主義の広がり[22]，連帯的な賃金交渉の後退（春闘の形骸化）に伴う企業規模別賃金格差の拡大（パート労働者を含む）

/www.e-stat.go.jp/SG1/estat/NewList.do?tid=000001024668）。
20）　1位はメキシコ，2位はトルコ，3位はアメリカである（http://www.oecdtokyo.org/pub/statistics_japan.html）。
21）　補足しておけば，**図3**の④，つまり「子どもがいる現役世帯」のうち「大人が1人の世帯」の貧困率が，近年こそ低下傾向にあるものの異常に高いことは日本の際立った特徴であり，これはOECD諸国中最悪の水準にある。
22）　日本では空気のように当たり前の，競争重視のこの労務管理法は，欧米諸国や一部のラテン・アメリカ諸国で労働組合が規制している職務群の場合，実は必ずしも一般的ではないか，または厳しい制約を受けている。アルゼンチンの自動車多国籍企業の事例はSano y Di Martino 2003を参照。

図3 相対的貧困率の推移

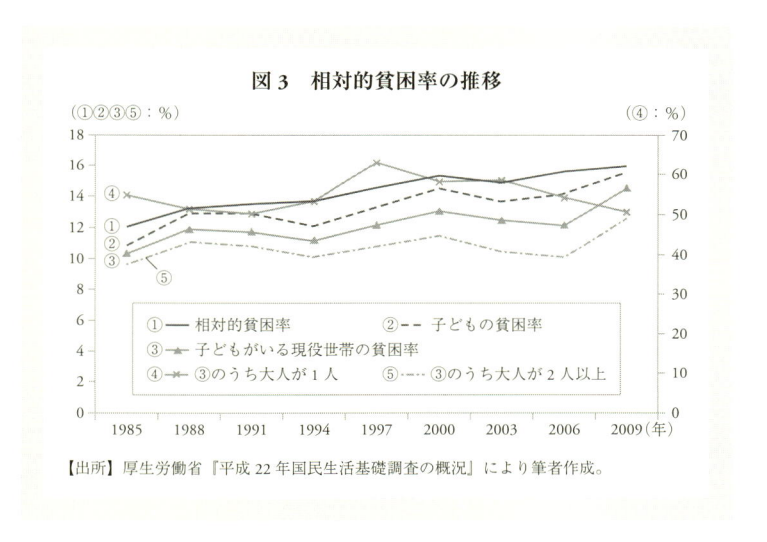

(①②③⑤：％)　　　　　　　　　　　　　　　(④：％)

① ── 相対的貧困率　　　② ---- 子どもの貧困率
③ ─▲─ 子どもがいる現役世帯の貧困率
④ ─✕─ ③のうち大人が1人　　⑤ ⋯⋯ ③のうち大人が2人以上

【出所】厚生労働省『平成22年国民生活基礎調査の概況』により筆者作成。

などをあげられる。また，先にみた経済の実物的・金融的不安定化の影響それ自体，たとえば失業や転職による賃金の低下もここに加えられよう。

　第2に，現役世代それ自体の格差拡大については，さらに労働分配率の視点からも問題に迫ることができる。まずバブル崩壊後は，景気の変動こそあれ経済が長期的に低迷した結果，1990年代半ば過ぎまで国民所得の伸びは賃金総額のそれを下回りがちだった。このため，それら2つの値の商である労働分配率（賃金総額÷国民所得）は比較的高く推移している[23]。

---

23) 労働政策研究・研修機構 2011：図2-1（21頁）。ただし固定資本減耗分を含めた粗付加価値ベースの労働分配率は1970年代の最高水準には達しておらず，投資による再生産という企業活動の観点からみても，なお懸念すべき利潤圧縮というほどの事態ではなかった（日向 2002）。またEUのデータベースによれ

しかし1998年以降，企業経営の株式市場志向の強まり，労働市場の規制緩和や雇用の柔軟化，失業率の上昇などをうけて，平均賃金は名目でも実質でも低下していくようになる。その結果，2003年以降の景気回復過程で労働分配率はほぼ持続的に低下した[24]。景気の上昇局面で労働分配率が低下するのは一種の経験則であるが（ただし高度成長末期の先進諸国はこれと逆の事態に直面している等，必ずしも普遍則だとはいえない），その場合でも通常は平均賃金が上昇しながらこの現象が起こる（Sherman and Kolk 1996）。2003年以降の事例はこれとは異なり，より構造的な性格が強い現象だと考えられる。

　第3に，格差拡大の高齢化原因説は，高齢者層の所得格差が現役時代（または若年・中年時代）の多様なそれの累積結果でもある面を当然視している点で不適切である。上述した2点も格差の累積や持越しに直接・間接の影響をもつはずだが[25]，このほかにも次のような要因を指摘できる。すなわち，中小零細企業・自営業に過当競争と所得低下を強いる規制緩和（特に大規模小売店の進出自由化，運輸・交通業の参入自由化や料金規制緩和，農産物の貿易自由化や価格支持の廃止など）や，高所得層に有利な税制変更（その分，資産運用によって引退後の所

ば，雇用者1人当り人件費を雇用者1人当り要素価格表示GDPで除した調整労働分配率は，1970年代半ば過ぎからほぼ一貫して低下傾向にある（European Commission, Economic and Financial Affairs, *AMECO Database*, http://ec.europa.eu/economy_finance/ameco/user/serie/SelectSerie.cfm）。
24）　労働政策研究・研修機構 2011：図2-1（21頁）。
25）　現役時代（若年・中年時代）の貯蓄や退職金を利用した資産運用収入の高低のほか，年金の種類の有利・不利（正規雇用者の年金に比べて非正規雇用者や自営業者の年金は不利），年金の所得比例部分の額の多寡なども影響する。

得を底上げすることもできる）などである[26)27)]。

　まとめよう。以上のような所得格差の拡大は，需要面から経済の実物的不安定化を改めて強める要因になる。ごく一部の富裕層に比べて多数の中間層や貧困層，また利潤所得者に比べて賃金所得者（特に大企業経営者を除く一般の給与所得者）は，それぞれ相対的に消費性向が高い。ところが，まさにこれらの集団の分配所得が減る傾向にあったわけだから，理論的には他の条件が等しければ消費は減少せざるを得ない（詳しくは第2章第2節（2）（4）のマクロ経済モデルを参照）。ただし現実には様々な条件変化が起こるため，こうした理論的予測通りの事態がそのまま立ち現れるとは限らない。それでもバブル崩壊後，特に1990年代末以降，消費需要（また内需）の経済成長率寄与度は歴史的にみて明らかに小さくなっている（**表1；図4**）。そうなるべき構造的圧力が作用したと考えることができるだろう。これでは消費に刺激された投資は行われようがないのである。

26）　高齢者層の所得格差には必ずしも拡大傾向が認められない（推計によっては格差の縮小も指摘される）ようだが，本文で指摘した諸要因を考慮すれば，これは奇妙である。ジニ係数や相対的貧困率の推計にはアンケート調査にもとづく統計が使われているが，この場合，格差が過小評価されやすくなることは世界の常識である。この問題が高齢者層の格差推計にも影響していないかどうか，検討すべきだろう。

27）　所得格差の拡大についてさらに補足しておくと，武田 2011（著者は元大蔵省官僚の経済ジャーナリスト）は国税庁の税務統計を用いて次の点を明らかにしている。すなわち1999年から2008年にかけて，年収5000万円以上の給与所得者の数は2.5倍，年収5000万円以上の個人事業者の数は13倍，株主配当総額は4倍になっている一方で，給与所得者の平均賃金はほぼ持続的に低下し，年収200万円以下の給与所得者の数はほぼ3倍に増えている。関連して武田 2012も参照されたい。

図4 経済成長率の要因分解

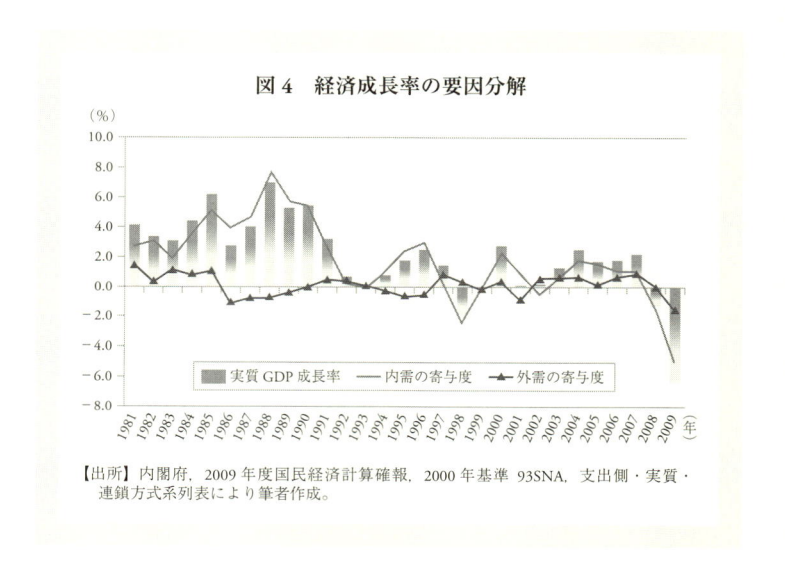

【出所】内閣府，2009年度国民経済計算確報，2000年基準 93SNA，支出側・実質・連鎖方式系列表により筆者作成。

　もっとも2003年から2007年にかけて，ごく緩やかながら民間設備投資循環の上昇局面が久しぶりに訪れている。これは前項の末尾で述べた要因（住宅バブルの形をとったアメリカの CNL の上昇局面；後述するデフレ補整の量的金融緩和政策から結果した円安）や労働分配率の低下（＝賃金費用の低下）による純輸出の増加が可能にしたものであり，輸出・投資主導型の景気回復（特に耐久消費財産業の活況）の一環であった。とはいえアメリカの住宅バブルが2007年から翌年にかけて崩壊すると，日本経済はたちまち戦後最悪の不況に陥ることになる（**表1**）。国外要因が多少変動すると経済がすぐさま実物面から不安定化してしまう，この対外脆弱性は，その後も2010年末から翌年にかけて断続的に露わになっている（**表2**；EU ユーロ

表 2　需要項目別の実質 GDP 成長率寄与度：2010〜11 年四半期別

(単位：前期比％)

年月	実質GDP	民間最終消費	民間住宅	民間企業設備	民間在庫品	政府	純輸出	輸出	輸入
2010.1〜3	1.3	0.4	0.1	−0.1	0.4	0.0	0.5	0.8	−0.3
4〜6	1.3	0.2	0.0	0.6	0.5	0.0	0.0	0.9	−0.7
7〜9	0.7	0.3	0.0	0.1	0.3	0.1	0.0	0.2	−0.3
10〜12	0.0	0.1	0.1	−0.3	0.1	0.0	−0.1	0.0	−0.1
2011.1〜3	−2.0	−0.9	0.0	0.0	−0.9	−0.1	−0.2	−0.1	−0.2
4〜6	−0.3	0.3	−0.1	0.0	0.4	0.4	−1.0	−0.9	0.0
7〜9	1.9	0.6	0.1	0.0	0.3	0.0	0.8	1.2	−0.5
10〜12	0.0	0.4	0.0	0.7	−0.4	0.1	−0.7	−0.6	−0.1
2012.1〜3	1.0	0.7	0.0	−0.5	0.4	0.4	0.1	0.5	−0.4
4〜6	0.2	0.1	0.0	0.2	−0.2	0.1	−0.1	0.2	−0.3

【注】実質季節調整系列。政府最終消費支出，公的固定資本形成，公的在庫品増加を一括して政府とした。
【出所】内閣府，2012 年 9 月 10 日公表 2 次速報値。体系基準年が異なるため，**表 1** とは直接接続しない。

圏の *CNL* から帰結した債務危機（本節（6）参照）に伴う円高に加え，2011年第 2 四半期以降はタイの洪水や原発事故に伴う燃料輸入の増加も外需を純減させている）[28]。

（4）補整政策，対外的ショック，景気回復

　以上のような経済の実物的・金融的不安定化やその帰結である社会問題を，Ⅰ（**図1**）の政策・制度転換の基本的枠組みに手を付けないまま応急処置するのが，Ⅲの要素である。時期や局面によって実施された政策やその組み合わせは異なるが，日本の場合，大別して財政政策，金融政策，通貨政策，社会政策の4つをあげられる。**図1**にも記したように，これらは2巡目

---

28)　**表2**のうち2011年第 1 四半期のマイナス成長には，大震災・津波・原発事故に起因した需給同時ショックも影響している。

以降のⅠと併行して実施される傾向にあった(これはⅣも同様)。またⅠと同じくこのⅢも、利害関係や特定の経済思想に制約されており、中立・客観的なものではない。

　Ⅲの要点を時代順に列挙すれば次のようになる[29]。まずバブル経済循環の山で日本銀行が補整に動いている。資産価格の高騰が一般物価にも波及することを恐れ、前に述べたように、政策金利を引き上げたほか土地融資総量規制を実施した。これが一因となってバブルが崩壊し、意図された調整不況が起こると、一転、政策金利は引き下げられるようになる。これは投資や消費を喚起しようとする景気対策であった(ただし期待利潤率が低下し、バランス・シート不況が始まっていた状況では効果がなかった)と同時に、市場金利の引き下げを誘導することで、多額の不良債権を抱えた金融機関に対して預金者からの所得再分配を行い、その経営危機を緩和することを狙ったものでもあった。

　一方、バブル崩壊後は財政面でも大型の景気対策が打たれた。特に1992～93年は企業部門の経済成長率寄与度は大幅なマイナスであったから、財政出動がなければゼロ成長またはマイナス成長になったはずである。当時は国内外の利害関係(貿易摩擦の相手国であるアメリカからの内需拡大要求を含む)を反映し

---

29) そもそもバブル経済循環が起動するひとつの契機になった政策金利の大幅引き下げ自体、プラザ合意に伴う円高不況を補整するものであった。これは当時の行財政改革＝「小さな政府」路線のもとで、財界の意を受けた政府与党と大蔵省が積極的な財政出動を嫌い、日本銀行に強力な景気対策を求めたからである。とはいえ対米貿易摩擦の下でアメリカからの内需拡大圧力は強く、1986年の政府支出の経済成長率寄与度は比較的高かった。

てまだ公共事業が中心だったが，1995～96年にかけては，経営危機に陥った金融機関の破綻処理のために公的資金の投入も行われている[30]。

以上の結果，1994～96年の円高ショックによる外需の低迷（Ⅵ）や，先にふれた格差拡大と内需低迷を誘発していくような政策・制度転換にもかかわらず，1994年までには設備・在庫過剰もひとまず落ち着き，1997年にかけて緩やかな景気回復がみられるようになる。注目すべきことに，この過程では不良債権も減少しており（山家 2005），追加の政策・制度転換（Ⅰ）や対外的ショック（Ⅵ）がなければ日本経済はそれなりの安定軌道に乗れていたかも知れない。しかし現実がこれと正反対の方向に進んだことは，繰り返し述べている通りである。

次の主な補整局面は1997～98年の不況と金融危機に際して訪れる。日本銀行は市場金利をゼロ近くに誘導するようになり，政府も構造改革を一時棚上げして，1999年には公共事業を含め明確に積極財政へと転換した。破綻を強いられた金融機関への公的資金の注入やその一時国有化，また中小企業への貸し渋り対策も実施されている。ただし同時に富裕層減税が追加的に行われるなど（Ⅰ），ここでも補整の仕方には政治的偏りがあった。

アメリカの CNL の一環である IT バブル（Ⅵ）にも助けられて，2000年には輸出・投資主導の景気回復がみられた。とはいえ，まさにこのバブルの崩壊と（それまでに定着しつつあった）経済の多様な実物的不安定化とが融合して，2001年には景

---

[30] 1995～96年には，複数の信用組合，最大手の第2地方銀行，7つの住宅金融専門会社の破綻処理が行われている。

気が再び下降局面に入り，補整が必要となる。

　ところが，これ以降2008年に至るまで，財政出動による景気対策は明らかに後退した。特に公共事業は，ほぼ無差別に削減の対象となった。前に指摘したように「小さな政府」思想がそれまでになく支配するようになり，政権与党・自由民主党の支持基盤のひとつであった，地方を中心とした中小建設業者（兼業農家も多い）の「既得権益」も，切り捨てられていったのである。

　いまや補整の主な手段は金融政策，具体的にはゼロ金利政策と量的緩和政策(2001〜06年)に求められるようになった。1990年代半ば以降のデフレからの脱却は拡張的金融政策によって可能だと主張する，マネタリズムの経済学者の影響力が増したことも，こうした傾向の背景にある。バランス・シート不況の潜在的圧力や不確実性の蔓延により現実の資金需要が低迷している状況では，マネタリー・ベースを増加させてもマネー・サプライはほとんど伸びないという正当な批判（服部 2007）は無視された。それどころか，同時に不良債権の最終処理（企業の清算を意味する：Ⅰ）も強力に進められた結果，2001年から翌年前半にかけて日本経済は再びデフレ不況に陥った。

　2002年半ばからは景気が反転し，バブル経済期には遠く及ばないものの久しぶりに民間設備投資循環の上昇軌道へと乗るようになるが，繰り返し述べているように，これは主にアメリカの *CNL* の新たな上昇局面によって牽引された，輸出・投資主導型成長の一面であった。ただしデフレ解消にはまったく効かないゼロ金利や量的緩和の金融政策も，大量の円キャリー・ト

レードによる円安をある程度誘発した限りでは，事実上の補整的な通貨政策として一定の景気浮揚効果をもった。またⅠとⅤの諸要因が引き起こした賃金費用の低下も，消費を抑制した反面，実質為替レートの減価を通じて相対的に外需・投資依存の景気回復を支えた，とはいえよう。

　その後の補整はどうか。アメリカ発の2008〜09年の世界経済危機に伴う戦後最悪の不況，2010年春からのギリシャ債務危機に由来する円高，2011年の大震災・津波・原発事故，タイの洪水による日系企業の操業困難――いずれもⅥに属する近年の一連のショックは，需要・供給の両面から輸出・投資主導型の景気回復を揺るがし，それまでに蓄積されていた経済の実物的不安定化傾向を一挙に表面化させた。周知のように，これに対してはエコカーや省エネ家電の購入時の減税・補助金に代表される財政面からの景気対策が（山家 2011の指摘通り，なお余裕のある層が主に利益を得るという偏りをもちながら）ようやく復活し，政府支出は2009年にプラスの経済成長率寄与度を印した唯一の需要項目となった（**表1**）。このほか2006年に停止されたゼロ金利・量的緩和も，事実上の通貨政策としての面も含め，実効性はともかく再び採用されている。また中小企業金融の円滑化も措置された。

　なお，この間「格差社会」に対する世論の批判が高まったことをうけて，2006年前後から最低賃金がごくわずかながら引き上げられるなど，社会政策面からの再規制や補整も行われている（五十嵐 2008）。2009年9月の本格的な政権交代の後にも，この傾向はひとまず引き継がれ，普遍的な子ども手当（ただし

2012年4月から所得制限）や生活保護の母子加算復活ほか，内需の支えとなる施策が実施された。雇用維持・創出政策も従来からの雇用調整助成金等に加え，雇用保険切れの失業者に対する条件付き支給金ほか新たな工夫がみられる。さらに農家全戸対象の戸別所得補償が進められたことなども，この論点に含められる主な事項のひとつだろう。

　以上，補整政策（Ⅲ）の要点をⅣやⅥとも関連づけてみてきた。個々には評価できる要素もないわけではないが，全体としてみれば，結局のところⅠ，Ⅱ，Ⅴの基本構造を前提としており，また利害関係に左右された偏り（マクロ経済的合理性の欠如）をもつものだということがわかる。このなかで景気回復のあり方も，近年になればなるほど，補整政策の効果によるというよりは，むしろ正の対外的ショックに依存する傾向を強めてきているのである。

(5) 格差の拡大，共生の破壊，「経済テロリズム」

　図1のⅤについては，経済の実物的不安定化との関連で何度かふれてきたが，これまではⅠ⇒Ⅴ⇒Ⅱの因果関係を指摘するにとどまっている。とはいえ当然理解されるように，いったんⅠの下でⅡが発症すれば，それは失業率の上昇，非正規雇用への一層の転換，賃上げ抑制などⅤの事態を再生産することになる。つまりⅡ⇒Ⅴの因果関係も存在するのである。

　もうひとつ決定的に重要な論点がある。それはⅤが直接に，そしてその他の要因が間接的に，社会における物理的に最低限の共生さえ（従来にもまして）破壊してきたということであ

る[31]。

　前にもふれたように，自殺率が金融危機の1998年に10万人当り25人という（1950年代以来の）歴史的高水準へと突然上昇し，以後これと大差ない記録をかつてなく長く更新し続けているという事実こそは，その最も雄弁な証左だろう（図5）。なぜなら，前にもふれた失業率の上昇，平均賃金の持続的低下，中小企業の破綻，相対的貧困率の上昇のほか，生活保護給付件数の増加や貯蓄なし世帯の絶対的・相対的増加など，経済苦が自殺者数の急増の背景にあることは，まず間違いないからである（図5の縦軸を対数目盛にした図6では，自殺死亡率と完全失業率の相関がより明確である）。経済苦はまた貧困層の健康状態を確実に悪化させており（近藤 2010），このままでは共生の破壊がさらに進行するのは避けられない。以上はまさに，CNLによる「経済テロリズム」[32]といっても過言ではない状況であ

---

[31] 進化生物学においては，共生（*symbiosis*）は異種が物理的に接して生活することと定義されるが，それは単なる平和共存ではなく，闘争の果ての「停戦協定」だとされる（マーギュリス 2000／マーギュリス 2004）。これに対して本書では共生を，「停戦協定」であるか否かを問わず，単に共存の意味で用いている。このように定義し直したうえで人間社会の共生を考えると，高度成長期の労使関係にみられるように「停戦協定」に類比されるものもあるし，小生産者・労働者の協同組合や有機農産物のフェア・トレードのような協力型のものもある（佐野 2012b：第1章 #1, #3 も参照）。それらは各々また質的に低次元のものもあれば，高次元のものもある。本文中で「物理的に最低限の共生」と述べているのは生存維持上の限界のことであり，これはもちろん低次元の共生の類型に属するが，それさえも保障されていないのが CNL の日本の現実である。
[32] この表現は Majul 1990の副題を転用したものである。同書は1989年のアルゼンチンのハイパー・インフレが貧困化等の社会経済危機を引き起こしたことを，構造的な意味で「経済テロリズム」と呼んでいる。

図5　主要社会指標：1899〜2010年

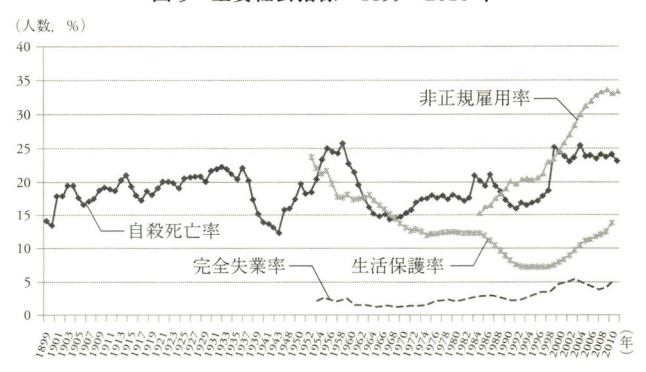

【注】自殺死亡率は人口10万人当り自殺者数。生活保護率は人口1000人当り保護者数。その他は百分比％。
【出所】e-stat により筆者作成。

図6　主要社会指標：1899〜2010年（対数目盛）

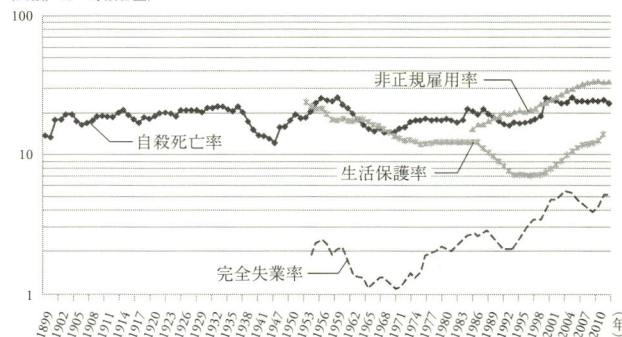

【注】自殺死亡率は人口10万人当り自殺者数。生活保護率は人口1000人当り保護者数。その他は百分比％。
【出所】e-stat により筆者作成。

る。

　ちなみに，物理的に最低限の共生を超えた，より高次元の共生関係（注31および第4章第2節を参照）も，こうした状況が続けば広がりにくくなるか，悪くすれば後退しかねない。問題は CNL に代わるべき「共生経済社会」の構想とも密接にかかわっている。

（6）外生的要因による不安定化

　図1のⅥは日本の CNL の外生変数であるが，これまで随所で繰り返し言及している。改めて整理すると，主なものとしては，外国の CNL の影響（アジア通貨・金融危機；アメリカのITバブルや住宅バブルとそれらの崩壊；EUユーロ圏債務・金融危機など），部分的にはこのことにも由来する実質実効為替レートの変動，自然災害と人為的災害（大震災，津波，原発事故；タイの洪水）などがある。これらはⅡに対して正・負両方のショックを与える。念のため，外国の CNL についてだけ補足しておこう。

　第1に，1997～98年のアジア通貨・金融危機は，前に述べた「FNサイクル」の崩壊局面にあたるが（Taylor 1998），同サイクルは金融自由化と固定相場制の制度配置の下であればほぼ普遍的にみられる，資本移動主導型の景気循環である。この制度配置のうち固定相場制は，「FNサイクル」の母国であるアルゼンチンやチリの場合，新古典派国際収支理論のマネタリー・アプローチが理論的基礎にあり（Canitrot 1980／Meller 1996／Blanchard y Pérez Enrri 2000），主観的にも完全に新自由主義的

な性格をもっていた。アジア諸国の場合はこの点どうであったのか筆者には不明だが、それでも制度配置のもうひとつの構成部分、つまり金融自由化が同じ性格のものであることには異論はないだろう。

第2に、EUユーロ圏周辺諸国の債務危機の場合も、基本的には「FNサイクル」と同様の制度配置（域内金融自由化；通貨統合に伴う域内固定相場制）がみられたことは注意を要する（Bagnai 2012）。2002年のユーロ導入後、ギリシャ、アイルランド、スペイン、ポルトガルでは貿易赤字が増加したが、この対外不均衡はドイツ等の中心諸国が単位賃金費用を抑制または削減して「近隣窮乏化政策」をとったことに加え、スプレッド目当ての資本が為替リスクのない状態でレバレッジをかけながら大量流入してきたことによる。周辺諸国ではまた2007年以降、次に述べるアメリカの *CNL* に由来する「大後退」（*The Great Recession*）とそれに伴う大規模景気対策の結果、財政赤字も一挙に急増した[33]。これも中心諸国からの資本流入によって補填されたのだが、2010年春、ギリシャの財政統計操作が発覚したことを契機にデフォルト懸念が強まり、債務危機が広がった（Vernengo and Pérez-Caldentey 2012）。

ヨーロッパ委員会、ヨーロッパ中央銀行（ECB）、国際通貨基金（IMF）の共同監視体制の下、周辺諸国では緊縮財政（ギリシャの場合はこれに加えて2012年3月の債務削減）によって

33） ギリシャの財政赤字はすでに比較的大きかったが、それでも2007年までは同国の金利も他のEUユーロ圏諸国のそれと平準化する傾向にあった（Vernengo and Pérez-Caldentey 2012：99）。

危機の封じ込めが図られている。しかしユーロ圏の構造的不均衡を温存したまま（またその是正の仕組みを欠いたまま）目先の帳尻を合わせようとするこのやり方は，景気悪化による大量失業など社会的費用が大きいうえに税収の減少と長期金利の上昇，つまり財政悪化を再び招いてしまい，持続可能ではない。これは CNL 末期の2001年，アルゼンチンでみられたのとほとんど同様の悪循環である（Damill, Frenkel and Rapetti 2012）。

　第3に，アメリカの CNL は，周知のように1970年代以来の金融自由化と密接な関連があり，ラテン・アメリカ諸国等を巻き込んだ1980年代初めの国際金融危機，1987年の株価暴落，貯蓄貸付組合の破綻，IT バブルとその崩壊，サブプライム・ローンの証券化等が主導した住宅バブルとその崩壊，そしてこれによる2008〜09年の「大後退」という具合に，「バブル循環」（金子 2010）がその顕著な特徴である。それはまた市場原理主義的な政策思考と断続的な信用膨張の組み合せから帰結した「超バブル」の長期波動だともいわれる（ソロス 2008）。そうした循環や波動は実質賃金の長期的な低迷に伴う家計債務の拡大と次第に表裏一体の関係になっていったのだが（ポーリン 2008），そのことも含めて，この構造は「大後退」以後も基本的には変わっておらず，補整的な弥縫策がとられてきたにすぎない。

（7）政策・制度転換の対外的要因

　図1のⅦに移ろう。図中に記したように，この項目は，国内の諸利害との調整を経ながらではあるが，Ⅰの内容と方向性を

制約する役割を果たした。アメリカについて具体的にいえば，1980年代の金融自由化を決定づけた日米円ドル委員会，流通・運輸・雇用・郵政など多分野の自由化・規制緩和・民営化に影響を与えた日米構造協議（1989〜92年）と年次改革要望書（1994〜2008年）[34]を指摘できる（関岡 2004）。また GATT ウルグアイ・ラウンドから世界貿易機関（WTO）への流れは，コメ貿易規制の関税化やミニマム・アクセス（また，これらと表裏一体の価格支持廃止）に代表される通り，とりわけ農業政策のあり方に重大な影響を与えた。このほかアジア太平洋経済協力会議（APEC）や一連の自由貿易協定（FTA），経済連携協定（EPA）も，農産物貿易の自由化や医療・介護労働市場の部分的開放といった形でⅠの構造の形成に与っている。

　2010年秋から参加の是非が問題となっている環太平洋連携協定（TPP）も，基本的には以上のうごきの延長線上にある。現在の TPP 拡大協議の場では，たとえば後発薬品のようにアメリカ製薬企業に有利な知的財産権の強化も論議されているようである。しかし他方では，主食であるコメのような重要品目も例外としない輸入関税の一括撤廃のほか，医療，金融・保険，政府調達等の分野における新規または追加の自由化・規制緩和を要求される可能性があるなど，やはり従来のⅠの構造が強め

34） その具体的内容は在日アメリカ大使館のウェブ・サイトで閲覧できる（http://aboutusa.japan.usembassy.gov/j/jusaj-econ-doc.html）。「年次改革要望書」と日本語訳されている文書の英語原文タイトルは少しずつ変更されているが，いずれにも deregulation, administrative reform, competition policy といった語句がみられる。

られるのは必至だと思われる。

　TPP原加盟国のニュージーランドやチリでは，TPPそれ自体やアメリカとのFTAを新自由主義政策の対外的固定化に利用する意図が政治経済支配層にあったとされる（Kelsey 2006／Pizzaro 2006）。また2008〜09年の世界経済危機により新自由主義の破綻が明らかになったにもかかわらず，ニュージーランド，オーストラリア，アメリカなどでは，異様なことに，その失敗した政策路線をむしろ強化するような（TPPを含む）FTA交渉を進めている（Kelsey 2010：9）。新たな「ショック・ドクトリン」（Klein 2007）とでも解釈するほかないこの事態は，2009年9月の政権交代の後の日本にも当てはまる。その結果は *CNL* の更新にほかならないはずである。

第3節 長期の実績：利潤率と資本蓄積の低迷

　資本主義経済の主な担い手は営利企業であり，通常その実績は利潤率（投下固定資本に対する利潤の割合）によって測られる。他方，その営利企業が進める資本蓄積は生産能力を高めるとともに需要を生み出し，資本主義経済の発展の基本的な動因となる。さらに利潤率は資本蓄積を左右するが，逆もまた同様である。こうした戦略的な意義をもつ以上2つの変数は，前節で素描した「新自由主義サイクル」の下でどのようなうごきをみせただろうか。本節では前節の補足として，この点を簡単に

図7 法人企業の資本蓄積と利潤率

(有形固定資産:億円)　　　　　　　　　　　　　　　(その他:%)

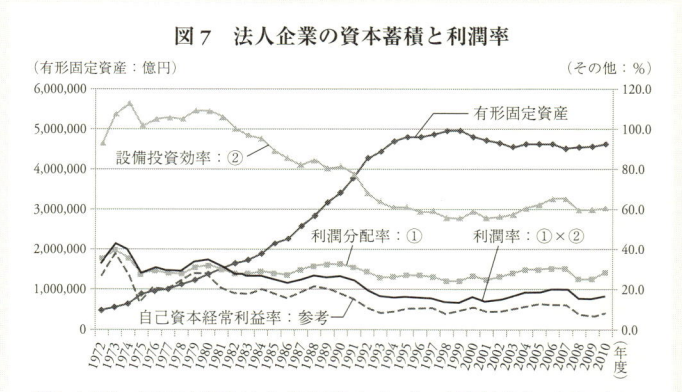

グラフ中のラベル:
- 有形固定資産
- 設備投資効率:②
- 利潤分配率:①
- 利潤率:①×②
- 自己資本経常利益率:参考

【注】全産業。有形固定資産は土地,建設仮勘定,その他の有形固定資産の合計である。利潤分配率は 1－(人件費 ÷ 付加価値)として算出した。2007年度以降の人件費の原統計には役員賞与が含まれているが,ここではそれを控除している。設備投資効率は有形固定資産(建設仮勘定を除く)に対する付加価値の比率である。利潤率は利潤分配率に設備投資効率を乗じて算出した。
【出所】財務省・法人企業統計により筆者作成。ただし2003年度までは総務省統計局『新版 日本長期統計総覧 第2巻』(CD-ROM)所収の同統計による。

確認しておこう。

まず**図7**をみよう。ここには法人企業が蓄積した資本ストック(有形固定資産)の名目額,利潤率,その構成要因である利潤分配率と設備投資効率(産出・資本比率)の長期的実績を示してある[35]。この図からわかることは次の通りである[36]。

---

35) 付加価値を Y,利潤を P,資本ストックを K とすると,利潤率 $\frac{P}{K}$ は利潤分配率 $\frac{P}{Y}$ と産出・資本比率 $\frac{Y}{K}$ に要因分解できる。すなわち $\frac{P}{K} = \frac{P}{Y} \cdot \frac{Y}{K}$ である。**図7**の有形固定資産が資本ストック,同じく設備投資効率が産出・資本比率にあたる。

36) 日本経済のマクロ利潤率の詳しい分析はUemura 2000のほか,池田 2008

第1に,本章では「新自由主義サイクル」の開始時点をひとまず1986年末としたが,そこから1990年代半ば過ぎまでは,徐々に頭打ちになりながらも正の資本蓄積が行われていた。つまり古い設備の廃棄分以上の新規投資が行われていた。しかし,その後2000年代半ばにかけて減少に転じ,それ以降はほぼ横ばい状態が続いている。この結果,近年の名目資本ストックはバブル経済崩壊後の1990年代半ばの水準に後戻りしている。「民間活力」の利用を謳って進められた経済自由化,つまり「純粋資本主義」志向の政策・制度転換は,固有の循環現象の下,前節で指摘した多様な社会経済問題を生み出しただけでなく,皮肉なことに日本経済の活力をむしろ奪ってきたのである[37]。

第2に,これに対応するように,利潤率も長期的に低下傾向を示している。それは高度成長終焉後,1980年代前半までにも顕著に低落してきていたが,本章が定義する(狭い)「新自由主義サイクル」の期間には,バブル経済期と2000年代などのわずかな反転を除けば,さらに一層の下方転位がみられるようになった。これでは企業の投資決意を左右する「アニマル・スピリッツ」は刺激されるはずがない。

第3に,この利潤率の長期低落傾向の原因は,いま問題にし

も参考になる。本章での分析手法も一部は後者に負う。

37) 急いで付け加えておくと,**図7**の有形固定資産は名目値であるため物価の変動(インフレとデフレ)を反映しており,その影響を除いた実質値(内閣府の民間企業資本ストック統計)でみれば資本ストックは持続的に増加している。ただし,その増加率もバブル崩壊後は顕著に低下してきている。このほか新規資本ストックの潜在生産性は一般に高くなるといった要因もあるが,それを考慮してもなお「民間活力」は期待にそぐわなかったといえるだろう。

ている時期についていえば設備投資効率（産出・資本比率）の低下に求められる。この点は図7でもある程度読み取れるが，より厳密に分析すれば図8，図9のようになる。どちらも利潤率とその構成要因の対数階差をとって，前者の変動に対する後者の寄与度を示しているが，このうち長期の傾向が明確にわかるのは図9である。そこでは（狭い）「新自由主義サイクル」の全期間について，利潤率の変動とその要因別寄与度の累計を提示している。これで改めてわかるように，利潤率の長期的な低落・低迷傾向に寄与したのは設備投資効率であり，利潤分配率はむしろわずかながら利潤率の引き上げ要因になっている[38]。

設備投資効率が低下・低迷するのは，資本ストックに対して付加価値やそれを裏づける需要が相対的に不足するためである[39]。とすれば図9の事態は，所得分配が緩やかながら利潤優

---

38) 図7の利潤分配率は，減価償却費を控除した後の付加価値を用いて算出されたものである。一方，減価償却費は企業の再生産活動を支えるものであるという意味で利潤に含めるべきだとも考えられる（注23および池田 2008：296を参照）。また付加価値に対する減価償却費の比率は1980年代末から上昇傾向にある（池田 2008：295）。つまり，その分だけ付加価値が目減りしている。以上のことを考慮し，減価償却費を控除する前の粗付加価値を用いれば，1980年代末以降の利潤分配率は図7のものよりも大きくなるはずである。この点にも留意してほしい。

39) 産出・資本比率 $\frac{Y}{K}$ は生産能力稼働率 $\frac{Y}{Y^*}$ と潜在産出・資本比率 $\frac{Y^*}{K}$ に要因分解できる（Y^*は完全稼働時の産出水準）。総務庁（当時）統計局『日本長期統計総覧』と経済産業省鉱工業接続指数によれば，製造業の生産能力の実稼働率は，高度成長末期の1960年代末や1970年代半ばには90％台に達していた。これに対してバブル経済期は80％台半ばから後半，バブル崩壊後の1990年代は70％台前半から80％強，2001年から2007年までは60％台後半〜80％台前半で推移している（1978年以降については佐野 2011b：図6も参照）。

第3節　長期の実績：利潤率と資本蓄積の低迷　57

図8　法人企業利潤率の変動要因

【注】各変数の対数階差。
【出所】図7と同じ統計により筆者作成。

図9　法人企業利潤率変化の要因別寄与度の累計：1986〜2010年

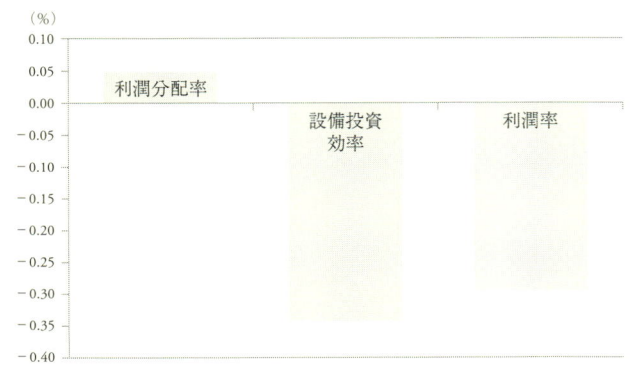

【注】図8における対数階差のうち1987〜2010年度の期間の累計。原統計の始点は1986年度になる。
【出所】図7と同じ統計により筆者作成。

位に傾くなかで(短中期的にはともかく)結局のところは需要が不足し，設備投資効率が低落・低迷した結果，利潤率がやはり低下・低迷をよぎなくされたものと解釈できる。短中期的な変動を貫いて，そうした構造的な圧力が長期的に作用したとみるべきだろう。これは前節（3）や（6）の論点とも関連しているように思われる。

おわりに

本章では日本経済の CNL の概念的なモデルを素描することで，「99％」が現在おかれている大状況を捉えるための全体的な視点を試供した。国内外の複雑な利害関係を背景に自由化，規制緩和，「小さな政府」の政策・制度転換が進められ，そこから生じた危機的状況も単に補整されるにとどまった結果，経済は実物面・金融面の両方で繰り返し不安定化し，共生を困難にする状況が生まれた（そしてこれがまた不安定化を増幅した）——この政治経済循環の構図を明らかにしたつもりである。また関連して，この循環構造の長期的な実績が，自由化された（つまり，むき出しの）資本主義経済の活力という狭い評価基準からしても，実は貧しいものであることを補足的に確認した。

改めて断っておくが，本章の議論はあくまで包括的な視点を与えるための素描にすぎない。ここで提起された概念的モデルの細部については——実証分析も踏まえながら——さらに詰めていく必要があるし，今回取り上げきれなかった論点（たとえば企業の多国籍的展開に伴う，投資需要の漏れや「99％」側の交渉力の低下。またジェンダー・ギャップなど）は適宜追加し

ていかなければならない。その意味で，これは読者自身が修正・改善することもできる，未来に開かれたモデルなのである。

　それでも本章の議論から確言できることが，ひとつだけある。それは「99％」が現在直面している大状況から決定的に抜け出すためには，ここで説明した CNL の構造全体を変革していかなければならない，ということである。何度も繰り返されてきた一見もっともらしい補整政策や，個別の領域だけの改革では，問題は決して片づかない。そうした次元を超えて抜本的な政策・制度転換を図る必要がある。

　それは具体的にはどういうことか。これはそれこそ包括的な議論を要する論点であり，本書だけでは論じつくせないが，次章と終章ではそのことに少しでも関連した考察を行おう[40]。

40）　佐野 2012b：第1章「#4 共生経済社会のデッサン」も，ぜひ参照してほしい。

第 2 章
労働市場をどう理解し，どう変えるか

「99%」のための対抗戦略

はじめに[1]

前章でもふれたように、現代の労働市場は非正規雇用の増加や「働く貧困層」の広がりなど多くの問題を抱えており、その解決のために政府や労働組合の取り組みを求める声が高まっている。しかし経済学の初級教科書に登場する新古典派の労働市場理論が教えているのは、最低賃金などの政府規制や労働組合の活動は賃金を均衡水準以上に引き上げて失業を発生させるため、かえって労働者の利益に反するということである。この理論は歴史的事実と必ずしも整合せず、また非現実的な仮定を前提としており、批判的にみる必要がある。

新古典派の労働市場理論に代わる考え方はなお標準化されていないが、いくつかの示唆に富む理論が存在する。そのひとつによれば失業の原因は低すぎる賃金にこそ求められる。他方、賃金の引き上げが状況次第では雇用を増加させうることを説く理論もある。これらはいずれも政府規制や労働組合の重要性を示唆している。

1950年代〜70年代初めの先進資本主義諸国では、生産性スライド賃金が媒介となって大量生産・大量消費の好循環が生じ、実質賃金の上昇と雇用の増加が持続した。現代の開放経済においても、この内需の回路を持続可能な形で復権させる必要がある。そのためには政府や労働組合の多面的な関与が求められる。

以下、まず第1節では、多くの経済学教科書にみられる新古

---

1) 本章は佐野 2008に加筆したものである。他の章とは叙述の体裁が異なり、参考文献は本文中では最低限しか引用していない。章末の読書案内で補ってほしい。

典派の標準的な労働市場理論をとりあげ,その問題点を解説する。第2節では,新古典派のものとは異なる労働市場観を紹介し,そこから導かれる政策上の示唆について説明する。また本章末尾の補論では,いくつかの関連した論点を展開する。

第1節 新古典派の基礎的な労働市場理論とその問題点

　現代の労働市場は,非正規雇用の増加や「働く貧困層」の広がりなどに象徴されるように深刻な問題を抱えており,政府や労働組合の取り組みを求める声が高まっている。しかし経済学者の多くは必ずしもこれに賛成しない。一定の条件の下で賛成するときもあるが,その場合でも労働市場に対する政府や労働組合の規制は原理的には弊害をもたらすものであると考えている(次頁コラム「§「働く貧困層」」を参照)。

　一例をあげよう。後述するように日本の最低賃金は国際的にみてかなり低い。そこでこれを他の先進諸国並みに引き上げ,底辺の労働者を救援すべきだという主張がある。しかし経済学の初級コースで必須の労働市場理論によれば,最低賃金の引き上げは失業を増やすため,むしろ労働者の利益に反するという。他方,最低賃金の引き上げを主張する経済学者もいるが,それは「日本において,最低賃金を上げても雇用にそれほどの悪影響が発生していない」(橘木 2006：166)という実証研究を論拠にしたものであり,「悪影響」それ自体の理論的な当否は十分

§「働く貧困層」

　非正規の低賃金労働に従事しているため所得貧困の状態におかれている人々。英語の通称 Working poor をそのまま片仮名にしてワーキングプアとも呼ばれる。「働く貧困層」の増加はそれ自体が社会問題であるが，需要・供給の両面から経済活動を制約する点でも問題である。需要面では，低所得やそれに伴う年金保険料の滞納により，現在および将来の消費需要にブレーキをかける。また供給面では，婚姻の抑制による少子化に加え，医療保険料の滞納による健康維持の困難，非正規雇用形態に伴う技能継承の困難や労働努力への動機づけの弱さなど，労働供給を質・量ともに制約する。近年，一部の企業は円滑な技能継承や勤労意欲向上の必要性に気づき，非正規従業員の正社員化を進めているが，全体の中ではまだ少数派である。持続可能な経済社会を築くためにも「働く貧困層」を減らしていくことが急務である。

に検討されていない（橘木，浦川 2006：第5章）。

　常識的感覚からすると奇異に思えるかも知れない上述の理論は，経済協力開発機構（OECD）や国際通貨基金（IMF）といった国際機関のほか，主要諸国の政府の政策形成にも影響を与えている。2007年5月には，日本の首相の諮問機関のひとつである内閣府規制改革会議も「賃金に見合う生産性を発揮できない労働者の失業をもたらす」として，最低賃金の引き上げに反対している[2]。

2）　毎日新聞2007年5月21日。その後，政府は小幅な引き上げを容認する姿勢をみせているが，これは政治的配慮によるものである。

第1節　新古典派の基礎的な労働市場理論とその問題点　65

　最低賃金に限らず，経済学者の多くは労働市場への政府規制には必ずしも賛成しない。労働組合の活動にも冷淡であることが多い。これは一体どのような論拠にもとづいているのだろうか。本節ではこの点について解説する。

(1) 新古典派の標準的な労働市場理論

　現代の経済学の主流に位置するのは新古典派である。ただし一口に新古典派といっても，19世紀末における限界革命前後の先駆者のほか，第2次大戦後の新古典派総合，マネタリズム，合理的期待形成学派，さらに現代における「新しい古典派」やニュー・ケインジアンなど，そこにはいくつかの変種があり，論点によっては鋭く対立している。しかし彼らの初級経済学教科書には，そうした違いを超えた共通の思考法も示されているようにみえる。労働市場理論についてそれを抽出し，再構成すれば，以下のようになる。

　最初に労働Lと資本設備Kの2つの生産要素からなる，短期の収穫逓減型の生産関数を想定する。**図1**の上半分の部分がこれを示す。生産関数とは，ある生産量Yとそれに必要な各生産要素の投入量との技術的な関係を示したものである。また短期とは労働の投入量だけを増減させることができ，資本設備は一定だということを意味する。さらに収穫逓減とは，生産要素の投入量を増やしていっても生産量が比例以下の割合でしか増加しないことをいう。いま増減可能なのは労働だけだから，これは労働の限界生産性MPLが逓減することと同義である。労働の限界生産性は生産関数の接線の傾きに等しいが，図から

図1 新古典派の労働市場理論

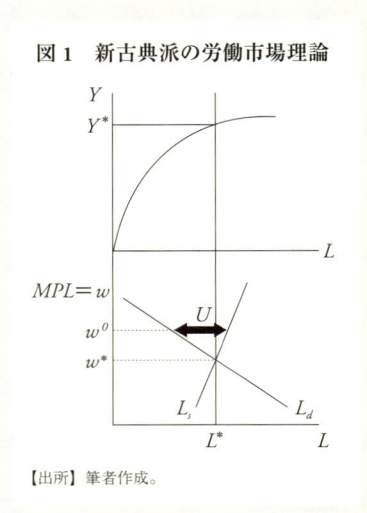

【出所】筆者作成。

その値は次第に低下していくことがわかる。

基礎的な新古典派理論では，企業は市場に関する完全な情報をもち，利潤を最大化するように行動すると仮定されている。それゆえ労働の限界生産性と実質賃金 w が等しくなるように雇用量 L を決める。図1の下半分に示したように，このとき縦軸に実質賃金（上述のようにそれは労働の限界生産性に等しい）をとり，横軸に雇用量をとれば，右下がりの労働需要曲線 L_d を引けることになる。

これと交わるように右上がりの労働供給曲線 L_s が描かれている。新古典派理論では労働者もまた完全合理的な経済主体であり，労働の対価としての賃金によって得られる効用から労働に伴う苦痛を差し引き，その差が最大になるように行動する。

そうなるのは実質賃金と労働に伴う限界負効用とが一致する点であり，そこまでは労働時間を増やす。このとき限界負効用は逓増し，これがそのまま右上がりの労働供給曲線となる。

　これとは別の角度からの説明も行われている。労働は苦痛だが，賃金と消費を通じて効用ももたらす。余暇はそれ自体として効用をもたらす。利用可能な時間は限られており両者はトレード・オフの関係にある。このとき実質賃金の上昇は代替効果（労働時間を増やす）と所得効果（余暇を増やす）をもたらす。労働者は2つの効果を比較考量しながら労働供給を調節し，効用を最大化する。先進国の正規雇用者の場合，短期においては代替効果が所得効果をやや上回る程度であり，労働供給曲線は右上がりだが垂直に近くなるという。

　以上の労働需要曲線 L_d と労働供給曲線 L_s が交差する均衡点において均衡雇用量 L^* が決まる。このとき同時に均衡生産量も Y^* で決まる。すなわち新古典派理論では，財市場や貨幣市場とは独立に，労働市場それ自体において雇用と生産が決定される（ついでながら，同理論に依拠した経済分析や政策提言が供給側の要因を強調しがちなのは，このためである）。

　さて，いまなんらかの事情で実質賃金が w^0 に上がり均衡水準 w^* に低下しなくなった，いいかえれば実質賃金が下方硬直的になったとすると，何が起こるだろうか。図から容易に読み取れるように，この場合は両矢印 U だけの失業が発生する。労働者は新たな高い実質賃金 w^0 の下でより多くの労働を供給しようとするが，企業にとってその実質賃金水準は高すぎるためこの申し入れを受け入れられないのである。

それでは失業をもたらす実質賃金の下方硬直性の原因とは何か。従来から指摘されてきたのは，最低賃金や労働組合の供給独占など労働市場への外部的な規制である。これに加え近年では，労使が展開する自己利益の最大化行動それ自体もまた，下方硬直的な実質賃金の原因になりうるとされる（本書では立ち入らないが，そうした説明には効率賃金理論（次頁コラム「§効率賃金」を参照），暗黙契約理論，インサイダー・アウトサイダー理論などいくつかの変種がある）。しかしそのことを指摘する現代の教科書の場合でも，失業の原因として最初に指摘されるのは労働組合や最低賃金といった外部的な規制である。この意味で，そうした規制は新古典派の新旧諸派に共通する失業の最も基本的な原因だといってよい。

　なお，この考え方を押し進めれば，最低賃金と労働組合だけでなく，およそ実質賃金の下方硬直性を直接・間接に引き起こしうるすべての規制が問題だということにならざるを得ない。労働市場については解雇規制（労働者個人や労働組合の交渉力を強める）や人材派遣業の禁止（社会保険の事業主負担の節約など人件費引き下げの余地が狭められる），財市場についても個別産業の過当競争の抑制（企業の収入を安定させ，労働者個人や労働組合の交渉力を高める）などが，これに該当しよう。教科書で実際にそう述べているとは限らないが，ここで予め注意しておきたい。

　以上は裏返せば次のことを意味する。つまり労働市場の本来の機能を歪める外部的な規制が撤廃ないし緩和され，労働者が高すぎる実質賃金の引き下げに同意しさえすれば，失業は自動

§効率賃金

　低賃金でも雇ってほしいと願う失業者が多数存在するのに，企業はあえてより高い賃金を提示し，そのうちの一部しか雇用しようとしないことがある。これはなぜか。この問題自体は産業革命を経たイギリスにおいてA.ユーア著『製造業者の哲学』（1835年）がすでに取り上げていたが，それがニュー・ケインジアンやネオ・マルクシアンによって理論的に定式化されたのは1970年代末から1980年代にかけてのことである。その典型的な説明はこうである。

　一口に労働者といっても，よく働く者もいればそうではない者もいる。それは事前にはわからない。このとき利潤を最大化するために企業は高めの賃金を提示する。なぜなら勤勉な労働者であれば高賃金を失うことを恐れてまじめに働き，労働生産性が高く維持される結果，高賃金にもかかわらず単位賃金費用はむしろ最小化すると期待されるからである。このように不完全情報の下で労使が自己利益を最大化しようとすると，賃金が下方硬直的となる一方で雇用されない労働者が残り，非自発的失業は解消されない。これが効率賃金の考え方である。

　この理論は，現代の新古典派のうち「新しい古典派」がいかなる非自発的失業の存在も認めないのに対して，ひとつの反論を提示しようとしたものだが，論敵と同じく合理的経済人の最適化行動や収穫逓減を仮定しており，問題を残している。また低賃金の非正規雇用の膨張が示すように，企業は実際には必ずしも効率賃金を選択するとは限らない。この点でも再考の余地がある。

的に減少するのである。それでもなお労働需給の一時的な不一致により摩擦的な失業は生じうるだろう。また労使の最適化行動の意図せざる結果として実質賃金の下方硬直性が持続し，その点でも失業は残るかも知れない。しかし，いずれにせよ，それらは規制を強化することによって軽減される性格のものではないのである。

(2) 現実との照合

　政府や社会による外部的な規制が労働市場に加わると実質賃金は下方硬直的となり，失業が生まれる——新古典派理論から類推されるこの予測は現実と合致しているだろうか。世界の現実を省みると必ずしもそうはいえない。反証となる事例が少なからずみられるからである。ここでは日本について4点だけ指摘しておこう。

　第1に，他の主要先進諸国と同じく日本でも，労働組合が広く組織されるようになったのは第2次大戦後のことである。その組織率は統計がとられ始めた1947年に45.3%を記録した後，当時の労働攻勢を反映して2年後には55.8%にまで達した。その後は低下したが，それでも1950年代半ばから1960年代にかけて30%台半ばないし前半で安定しており，20%を割り込んでいる今日の状態と比べればなお高い水準を保っていた。他方この間，1960年代の完全失業率は1%台と非常に低い水準を更新し続け，完全雇用に近い状態にあった（図2）。つまり労働組合の広範な組織化という劇的な制度変化にもかかわらず，失業はほとんど問題にならなかったのである。その後の事態は図2

図2 労働組合組織率と完全失業率：1953〜2010年

(労働組合組織率：％)

(完全失業率：％)

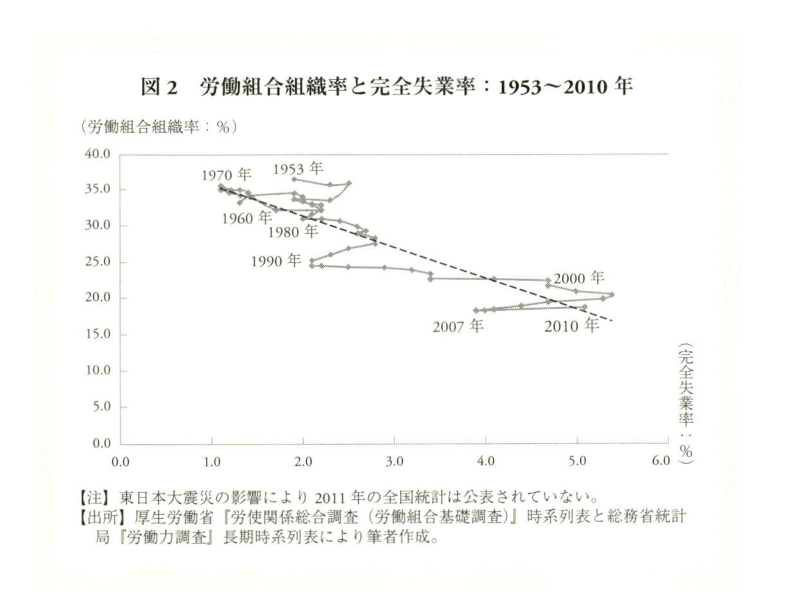

【注】東日本大震災の影響により2011年の全国統計は公表されていない。
【出所】厚生労働省『労使関係総合調査（労働組合基礎調査）』時系列表と総務省統計局『労働力調査』長期時系列表により筆者作成。

をみてほしい。新古典派理論にしたがうなら組織率と失業率は正の相関関係にあると考えてよいはずだが，この図に引いた近似曲線（点線）は，ほぼ逆の相関関係が存在したことを示している。

第2に，最低賃金制度は20世紀前半から後半にかけて世界の多くの国々に普及したが，日本においてそれが導入されたのは1959年のことである。ところが，その直前の1957年と1958年の失業率は1.9％と2.1％であり，1959年の2.2％と大差ない。また1960年はむしろ1.7％と低下しており，その後も上述のように1％台で変動しながら低落する傾向にあった。したがって最低賃金の導入が失業を追加的に生み出す作用をもったとはいえ

ない。

　一方,特に1980年代以降,日本の最低賃金の実質水準は低く抑えられてきている。政府の政策意志に加え,制度自体の欠陥もその一因である。たとえば,そもそも最低賃金法には労働者の生計費のほか企業の支払能力も考慮する規定がある。

　主要先進諸国（日本,アメリカ,カナダ,フランス,ベルギー,オランダ,ニュージーランド,スペイン,ポルトガル）の最低賃金の実績を1997年現在で国際比較すると,日本の順位は購買力平価で測った最低賃金では下から3番目,フルタイマーの中位の賃金に対する最低賃金の比率は最下位,最低賃金以下の賃金しか支給されていない労働者の比率（10%）は上から2番目であった（橘木 2006：79,表3-3）。その後もこの状況に大きな変化はなく,日本の労働市場に対する政府規制は,少なくとも最低賃金に関する限り,国際的にみてかなり弱いといえる。ところがまさに1980年代以降,失業率は上昇傾向にあり,とりわけ1990年代半ばからはかつてなく上昇した。そして過去数年の若干の低下にもかかわらず,歴史的にみてなお高い水準にとどまっているのである。

　第3に,政府規制の効果という点では,1986年以降,労働市場の規制緩和の一環として派遣労働の解禁ならびに漸進的な自由化が進められたこと（労働者派遣法とその改定）も注目に値する。これは従来からのパート,アルバイトや,有期雇用契約期間の上限引き上げ（2003年の労働基準法の改定）ともあいまって,非正規雇用の絶対数と雇用者全体に占める比率を増加させる要因になった（**図3**）。非正規雇用の多くは社会保険の事

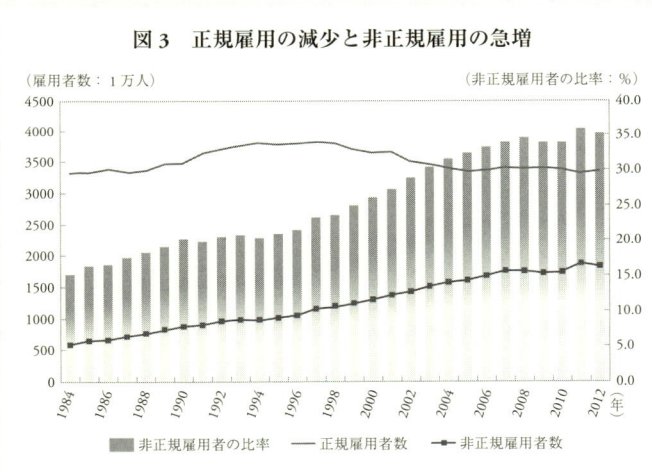

第1節　新古典派の基礎的な労働市場理論とその問題点　73

図3　正規雇用の減少と非正規雇用の急増

【注】1984〜2001年は2月の調査値。2002年以降は1〜3月の平均値（ただし2011年は10〜12月の平均値）。
【出所】総務省『労働力調査』長期時系列データにより筆者作成。

業主負担や期末手当がなく，企業は人件費を節約できる。また特に派遣の場合は数か月の短期契約が多く，労働組合への組織化もあまり進んでいないことから，企業に対する労働者の交渉力は弱い。このため人材派遣会社間の競争が「労働ダンピング」（中野 2006）とも呼ばれる賃金切り下げを引き起こしてきた。「働く貧困層」の問題もこれと密接な関係にある。なお労働市場の規制緩和のほか，2002年以降進められたタクシー業界の規制緩和（道路運送法の改定による参入規制の緩和，需給調整の廃止，料金の認可基準の弾力化）も過当競争を強め，運転手の賃金を大きく低下させたことはよく知られている。以上の事態と失業率の推移（図2）を照合すると，規制があった時代

図4 賃金の対前年変化率

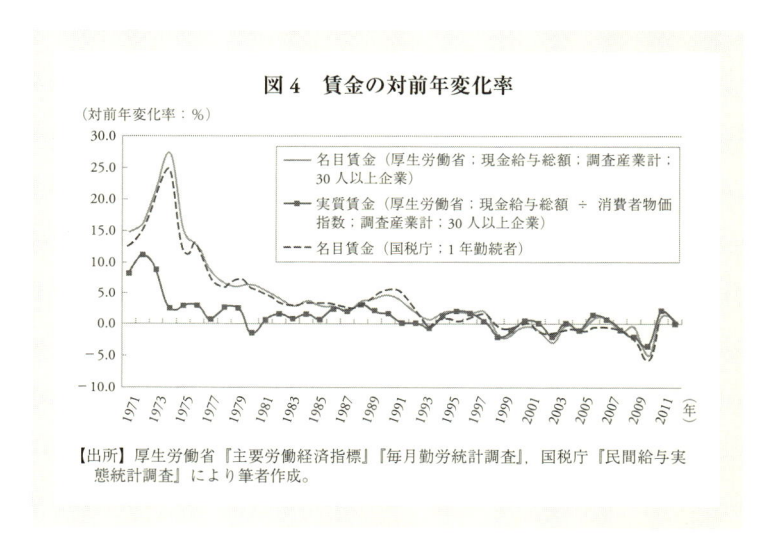

【出所】厚生労働省『主要労働経済指標』『毎月勤労統計調査』，国税庁『民間給与実態統計調査』により筆者作成。

の方が低く，規制緩和が行われた時期には高くなっていることがわかる。これもまた新古典派理論の予測と合致しない。

第4に，1998年以降，平均賃金は実質・名目ともに低下ないし横ばいの傾向にある（**図4**）。第2次大戦後，実質賃金は1980年を除き一貫して上昇し，また名目賃金は例外なく上昇していた。この事実を踏まえると，労働市場にきわめて重大な構造変化が起こったことがわかる（山家 2005：16）。すなわち，それ以前と比べて実質賃金も名目賃金も下方硬直的というよりはむしろ下方伸縮的になってきたのである。ところがまさしくこの過程で失業率はかつてなく上昇し，なお相対的に高止まりしている。これもまた新古典派理論への反証となる。

(3) 仮定の問題点

　以上のように新古典派理論の予測は必ずしも的中していない。それは主に，前提となる仮定が現実的ではないことに由来している。以下で説明しよう。

　第1に，すでに指摘した通り，右下がりの労働需要曲線は労働の限界生産性が逓減することを前提して初めて成り立つ。しかし，いくつかの企業アンケート調査（1930年代のイギリス，第2次大戦直後のアメリカ，1986年のペルー）と実証分析（1920年代のイギリスの綿紡績業，1960〜90年代の日本の製造業）は，この前提が誤っていることを明らかにしている。現代経済にあっては通常，生産能力は完全稼動しておらず，そこで雇用量を追加したときみられるのは収穫逓減ではなく収穫不変なのである[3]（資本設備・間接労働その他の固定費も考慮すれば収穫逓増）。新古典派理論は需給が一致した完全稼動（経済学ではこのことも完全雇用というので注意が必要である）の状態を前提にしている。

　第2に，そもそも新古典派の場合，労働市場はそれ自体として独立に均衡雇用量を決めることになっている。だが世界の現実を少しでもすなおに観察すれば，労働需要の増減は短期的にも中長期的にも明らかに財市場における有効需要の大小に左右されていることに気づく。新古典派も財市場からの短期的な影響は認める場合があるが，それでも労働市場で決まる均衡を強

---

[3] 吉川 2000：第4章は，この点を日本の製造業について実証している。この文献も含めて従来の関連する研究の要約は佐野 2009：246-252を参照。

く信頼している。その意味で同派は供給要因偏重なのであり，これとは逆に財市場の需要要因を考慮した労働需要曲線を導入する必要がある。

　第3に，右下がりの労働需要曲線を採用すると否とを問わず，労働供給曲線については右上がり（あるいは垂直に近い右上がり）以外の形状をとる可能性が従来から指摘されてきた。右下がり型，後方屈曲型，水平型などである。このうち右下がり型の労働供給曲線の存在は，新古典派系の実証研究によっても早くから確認されている（ダグラス 2000）。詳細は省くが，賃金（貨幣）の限界効用が逓減する（伊東 1993：139-144)，あるいは所得効果が代替効果を上回ると仮定すれば，それは新古典派流の思考法によっても説明可能である。また第2節（2）で紹介するように，これとは異なる古典派的・制度派的な論理で説明することもできる。

　一方，後方屈曲型とは右上がりの後に左上がりになる場合であり，これは当初は代替効果が優り，のちに所得効果が支配するからであると説明される。さらに水平型は，失業圧力があるとき現行賃金で弾力的に労働供給が行われると想定する。ケインジアンや開発経済学のルイス・モデル（日本を含む先進諸国の実証分析に用いられたこともある）はこうした見方をとる。ただし前者では労働者が物価を左右できない点を重視し，縦軸には実質賃金ではなく貨幣賃金をとる。いずれにせよ，標準的な新古典派理論における右上がりの労働供給曲線は絶対的なものではないことに注意する必要がある。

　第4に，より根本的な問題点として，利潤や効用を最大化す

る経済主体が対等に労働サービスを取引する場としての労働市場という見方をあげることができる。合理的経済人の仮定をおき，その行動の集計として経済活動を考察する見方には，従来から疑問が寄せられているが，現代の複雑系経済学では情報収集の面でも計算能力の面でも人間の能力には限界があるとみる。この考え方にしたがえば，企業は利潤を追求してはいるが利潤を事前に最大化することはできない。また財・サービスの数が30を越えると消費者（新古典派の労働者は効用を最大化する消費者でもある）の効用最大化の計算には大型コンピュータでも膨大な時間を要し，現実には最適化行動はとれない（塩沢1997：第3章，第9章）。他方，完全雇用が持続するなどの例外的な場合を除けば，労使の交渉力は通常は非対称的である。そこからさまざまな利害対立が生じ，労働市場のあり方はこれを調整するための制度とともに歴史的に進化してきた（労働法という特別の法律の存在はこのことの端的な証左である）。新古典派においては，労使間に作用するこうした権力関係の認識や制度感覚も希薄だといえる。

第2節 新古典派理論とは異なる労働市場観

　新古典派の基礎的な労働市場理論には以上のような問題点がある。それに代わる理論は標準的な形ではなお確立されていないが，いくつかの示唆に富む労働市場観が提起されている。本

節と補論Ⅰではそれらの概要と政策上の意味合いを解説する。

（1）労働の限界生産性一定（収穫不変）が意味するもの

　新古典派理論の核心的な仮定のひとつは収穫逓減であった。ここではまず，それが成り立たないとどうなるかを説明することから始めよう（以下はAnisi 1987：Capítulo 10を参考にしている）。短期の生産関数を示す**図5**において生産要素は労働と資本設備であり，後者は一定である。ただし資本設備は稼働率を上下させ，それに応じて労働が投入されるものとする。縦軸は生産量（所得），横軸は雇用量，Y_f は生産能力が完全稼動したときの生産量の上限，L_f はこれに対応した雇用水準，z^0 は労働生産性，w^0 は実質賃金，P は利潤，W は賃金総額である。生産関数が

図5　労働の限界生産性が一定の生産関数

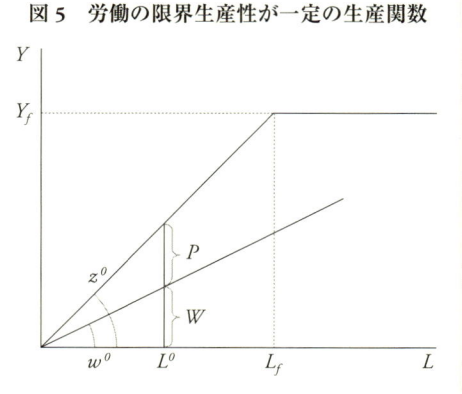

【出所】Anisi 1987: 139, Figura10.1. ただし記号は一部変更してある。

直線を描いていることからわかるように，Y_f にいたるまで労働の限界生産性は一定，その後はゼロと仮定されている。

図から簡単にわかるように，この場合，限界生産性＝実質賃金という新古典派の利潤最大化条件はむしろ利潤を消失させ，企業は営利を目指す組織としては存続できなくなる。なぜなら，いま想定している世界では限界生産性＝平均生産性＝実質賃金となってしまうからである。

ここで正の利潤を実現するには，新古典派の利潤最大化条件とは異なる条件，つまり限界生産性（＝平均生産性）＞実質賃金が必要となる。そしてこの場合，利潤 P が最大になるのは L^0 のような水準ではなく，生産量が上限に達した L_f においてである。

いうまでもなく，この条件を実現するのは財への十分な有効需要にほかならないが，それは個別企業の利潤最大化行動によって確保されうるものではないことに注意すべきである。新古典派理論が描く市場経済像にとって戦略的な意義をもつのは労働市場（供給側要因）それ自体であったが，いま問題にしているより現実的なケースでは，それは労働市場と財市場（需要側要因）の関係であることが理解されよう。

(2) 実質賃金の引き上げと失業の減少

新古典派理論の政策上の意味合いを改めて思い起こそう。それは高すぎる実質賃金を本来あるべき均衡水準に引き下げれば失業はなくなる，そしてそのためには政府や労働組合による労働市場への介入・規制を撤廃しなければならない，というもの

であった。ところがこれとはまったく逆に,実質賃金の引き上げはむしろ失業を減少させうることを主張する理論がある。その一例を紹介しよう（以下はAnisi 1987：Capítulo 3, Capítulo11, Capítulo20を総合・再構成したものである）。

論点を明確にするため,賃金所得者と利潤所得者からなる,資本設備一定（短期）の閉鎖経済を想定する（内生的な貨幣供給を仮定し,金融市場の影響は捨象する）。政府部門を捨象すると,総需要 AD は消費 C と投資 I から構成される。

$$AD = C + I$$

消費は所得 Y,賃金所得者の消費性向 c_w,利潤所得者の消費性向 c_p の増加関数である。また c_w は c_p より大きいと仮定できるから,消費 C は労働分配率 a の増加関数でもある。

$$C = f(Y, c_w, c_p, a)$$

ここで実質賃金を w,雇用量を L,労働生産性を z であらわすと,労働分配率は次のように書ける。

$$a = \frac{w}{\frac{Y}{L}} = \frac{w}{z}$$

したがって消費 C は改めて実質賃金 w の増加関数,労働生産性 z の減少関数として書き直すことができる。

$$C = f(Y, c_w, c_p, w ; z)$$

投資 I は独立に決まるものとする[4]。

$$I = f(I_a)$$

以上を踏まえれば総需要 AD は所得 Y,賃金所得者の消費性向 c_w,利潤所得者の消費性向 c_p,実質賃金 w,投資 I の増加関数であり,労働生産性 z の減少関数となる。

$$AD = f(Y, c_w, c_p, w, I_a ; z)$$

ここで**図6**をみよう。右上の(a)図は,この総需要 AD の大小によって均衡生産量 Y^0 が決まる関係を描いている[5]。Y_f は資本設備が完全稼動したときの生産水準である。次に(b)図は労働の限界生産性が一定,それゆえ平均生産性も一定であることを示す。(c)図は,(b)図と(d)図を幾何学的に媒介している。左上の(d)図の L_d は労働需要曲線であり,他の変数が一定のとき,実質賃金 w の変化が労働需要におよぼす効果をあらわしている。この図の意味するところは次のように考えればよい。

まず(a)図において当初の総需要が AD^0 であるとしたとき,均衡生産量は Y^0 であり,これに必要な雇用量は(b)図より L^0 となる。このときの実質賃金が(d)図のように w^0 に設定され

---

4)「投資は経済学ではよく論争の種になるので,それを外生変数と考えることが,短期分析の範囲内ではおそらく最良の方針である」(Lavoie 2006:88)。
5) 45度線上では総需要 AD と所得 Y は常に等しく,均衡している(45度線から垂線をおろしてできる三角形は二等辺三角形であることに注意してほしい)。一方,総需要 AD のうち消費 C は所得 Y が増加しても比例的に増えることはないため,そのスケジュールは45度線よりも傾斜が緩やかな右上がりになる。そこに投資 I が上乗せされれば AD^0 になるが,傾斜は変わらない。これと45度線の交点で均衡生産量 Y^0 が決まる。

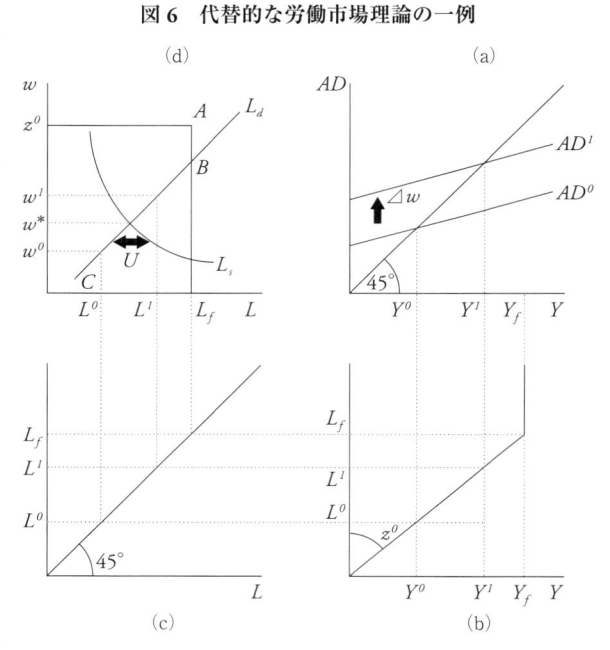

図6 代替的な労働市場理論の一例

【出所】Anisi 1987: 149, Figura11.1 と Ibid.: 220, Figura20.1 により筆者作成。ただし記号は一部変更してある。

ているとしよう。いまそれが w^1 に上昇すると，他の変数を一定とすれば労働分配率 $\frac{w}{z}$ は増大する。c_w は c_p より大きいと仮定しているから，これは消費 C，それゆえ総需要 AD を増加させる。このことは（a）図では $\varDelta w$ として示されている。総需要曲線は AD^1 に移動し，均衡生産量も Y^1 となる。これに対応した雇用量は L^1 であり，そのとき実質賃金は w^1 に変化して

いる。かくして労働需要曲線 L_d は（d）図のように右上がりに描かれる。つまり実質賃金 w と雇用量 L は正の相関関係にある，ということになる。これは新古典派理論とは正反対の見方であることに注意しよう。

　ただし実質賃金 w の上昇に伴う労働需要の増加には一定の限度がある。第1に，いま実質賃金 w が引き上げられ，総需要 AD が増加し，資本設備が完全稼動するようになったとしよう（Y_f）。これに対応した雇用量は L_f であるが，営利企業がこの潜在的な労働需要水準を超えて雇用量 L を増やすことはない。なぜなら生産量が上限に達している段階で雇用量 L を増やせば利潤が減少してしまうからである。第2に，実質賃金 w の上昇にも限度がある。前項でも述べたように，正の利潤が確保されるためには実質賃金 w が労働生産性 z を上回ってはならない。（d）図の線分 ABC は以上2つの制約を示している。

　一方，（d）図の L_s は労働供給曲線であり，これもまた標準的な新古典派理論の場合とは逆に右下がりに描かれている。これは次のような想定による。すなわち生存維持水準であれ社会的地位の象徴としてであれ，労働者には望ましいと考えられる一定の消費水準（それは賃金によって購入できる財・サービスに依存する）があり，実質賃金 w の変化に応じて労働供給を変化させることでこれを維持しようとする。このことは，望ましい消費水準 Cm^0 が与えられているとすると，$L_s = \dfrac{Cm^0}{w}$ のように表現できる。このとき労働供給は実質賃金 w の減少関数となる。このため労働供給曲線 L_s は右下がりになるのである。

　以上を前提としたとき，失業の原因も新古典派理論の場合と

は異なってくる。(d) 図の両矢印が示すように，それは実質賃金が w^* のような水準[6]を下回ることに求められる。この失業を解消するには，新古典派の主張とは正反対に，むしろ実質賃金を w^* に引き上げるような政策や制度が必要とされる。現代の日本にそくしていえば，そこには最低賃金の引き上げ，解雇規制の維持，人材派遣業の規制，雇用形態別の差別待遇の是正といった一連の政府規制や労働者の交渉力の強化（特に非正規雇用の組織化）のほか，完全雇用経済政策や賃金・物価を調整する所得政策も含まれよう。

　ただし，ここに紹介した理論にもなお検討すべき課題はある。第1に，前に述べた通り，労働供給曲線 L_s の形状については多様な説があり，右下がりの労働需要曲線を採用しない経済学者でも，ここに紹介したものとは異なる労働供給曲線を用いている場合がある（ラヴォア 2008：第4章）。実証研究を踏まえ，より現実的な労働供給曲線を特定していくことが必要である。第2に，右上がりの労働需要曲線もそのまま一般化できるかどうか，新古典派的な見方に立たない場合でも検討の余地がある。この最後の点に関連する別の議論を章末の補論Ⅰで紹介している。参照してほしい。

---

6) 念のため注意しておくと，w^* は労働需要曲線 L_d と労働供給曲線 L_s の交点で決まる均衡賃金であるかのように思えるかも知れないが，そうではない。ここでは実質賃金 w は，貨幣賃金と物価を左右する多様な要因によって事前に決まっている。そして，これを前提として労働需要と労働供給の水準が決まる。実質賃金 w がたまたま w^* の水準にあれば失業は生じないが，それを下回れば両矢印 U の分だけ失業が発生する。以上のように理解してほしい。この点を明確にする必要性は宇仁宏幸・京都大学教授の示唆に負う。

(3) 政府と労働組合が高度成長に果たした役割

　前項（2）と補論Ｉで紹介した理論は，労働市場に対する政府と労働組合の規制が正当化されうるものであることを教えている。同じことは，第2次大戦後における先進資本主義諸国の高度成長の仕組みを「フォーディズム」の特殊歴史的な理論モデルとして定式化し，それを実証した議論によっても示唆されている（ボワイエ 1992／マーグリン，ショアー 1993：第2章）。その詳細は章末の**読書案内**にあげた関連文献に譲り，ここではそれらを踏まえたとき現代経済の歴史がどうみえてくるかを概説しておこう。

　1950年代から1970年代初めにかけて，欧米先進諸国では**図7**のような大量生産・大量消費の好循環が作動し，実質賃金の上昇と雇用の増加が持続的にもたらされた。そこで重要な役割を果たしたのが労働市場をめぐる戦後特有の労使合意，とりわけ生産性スライド賃金とテイラー主義的な労務管理（科学的管理法）である。このうち前者は労使間の所得分配を安定化させるとともに，経済成長に伴う生産性向上（収穫逓増）の成果を労働者にも還元することで大量消費を可能にし，需給両面で高度成長の支えとなった。団結権・交渉権・争議権の確立や最低賃金の導入など，第2次大戦前後に進められた一連の労働改革，つまり労働市場に対する政府規制も，こうした仕組みを背後で保障し，補強した。

　同時期の日本でもまた，進歩的な労働改革，これを大前提とした企業別賃金交渉の横断的・連帯的な調整（春闘），それによって得られた賃金原資の企業内分配（生活給から能力主義賃

図7 フォーディズム：大量生産・大量消費の好循環

労働市場に対する政府規則

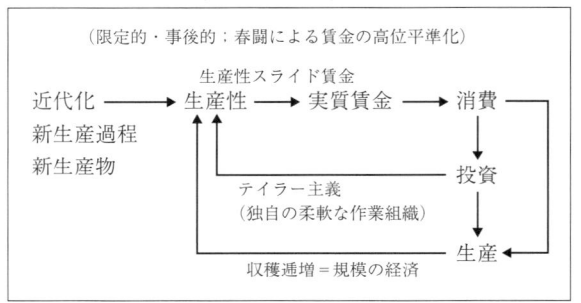

（限定的・事後的：春闘による賃金の高位平準化）

近代化 → 生産性 → 実質賃金 → 消費
新生産過程　　↑　生産性スライド賃金　　　↓
新生産物　　　│　　　　　　　　　　　　投資
　　　　　　　│　テイラー主義　　　　　　↓
　　　　　　　└──（独自の柔軟な作業組織）── 生産
　　　　　　　　収穫逓増＝規模の経済

【注】括弧内はフォーディズムと日本の状況の相違を示す。
【出所】ボワイエ 1992：233, コラム1の図に加筆。

金へと徐々に転換），柔軟な職務割り当て（多能工化）など，やはり戦後特有の制度を媒介として，フォーディズムに準じた高度成長回路が機能している。中小企業の賃金は大企業のそれへと接近する傾向にあり，能力主義賃金の運用はなお緩やかで，非正規雇用は圧倒的な少数派であった。

　以上のような多少ともフォーディズム型の高度成長体制は，1960年代末から1970年代半ばにかけて，労働分配率の上昇（高度成長による完全雇用と労働攻勢の下で実質賃金の伸びが労働生産性のそれを上回る事態），石油危機（同じく高度成長と中東紛争に伴う原油価格の急騰）および（または）国際競争の激化にもとづく利潤圧縮に見舞われ，危機に陥る。そしてこれ以降，基本的には今日まで，政策と労使関係の両面で反動

が続いてきている。具体的には，それまでの労働市場のあり方は硬直的だと批判されるようになり，その柔軟化や規制緩和が企業・財界・政府の各レベルで追求されてきた。その内容は国や時期によって多様だが，日本では作業組織の柔軟性が温存・強化される一方，企業横断的な賃上げ調整は著しく後退し，企業内の賃金分配もより能力主義的・成果主義的になっていった（次頁コラム「§成果主義賃金」を参照）。労働組合による規制は明らかに弱まった。

また第1節（2）でもふれたように，パート，アルバイト，フリーター，派遣労働者，嘱託など，相対的に低賃金で雇用調整が容易な非正規雇用を多用する傾向が強まり，これを財界や政府も後押ししてきた。この点に関しては労働市場の規制緩和のほか，1995年，財界の労務政策を担っていた日本経済連盟（当時）が『新時代の「日本的経営」』で非正規雇用の活用を公認したことも注目される。以上の結果，企業規模間，正社員間，雇用形態別の賃金格差が広がり，これが今日の「格差社会」の重要な一因となる。

こうした事態はとりわけ1990年代以降に進展したが，その背景には円高等による国際競争の強まりのほか，1980年代以降の内外両面での自由化・規制緩和政策（そして必ずしも適切とはいえないその補整政策）の下で，バブル経済，その崩壊と反動不況，1997～98年金融危機，2000年代半ばの輸出・投資主導型景気回復とその破綻など一連のマクロ経済ショックが循環的に生じたことがある（第1章の「新自由主義サイクル」の議論を参照）。1990年代の長期不況の下で企業は需要低迷による利潤圧

§成果主義賃金

　客観的指標によって従業員の顕在的能力を評価し，その結果にしたがって賃金を上下させる制度。戦後の日本では当初，年功的な生活給が広がったが，その後しだいに個人別の査定にもとづく賃金支給部分が増えていき，大企業では両者を折衷した形の能力主義賃金が事務職とブルー・カラーの違いを問わず1970年代までに広く普及した。

　ただし当時の能力主義賃金の運用は，従業員の潜在能力を評価する性格が強いものであるなど，今日からみればなお緩やかであった。1990年代になると，この日本型の能力主義賃金は単なる「年功賃金」と同一視されて批判の対象となり，成果主義賃金への転換を進める企業が増えていった。

　しかし顕在能力の客観的評価には多くの困難がつきまとう。評価やその基準に不満を感じる従業員はかえって勤労意欲を低下させてしまうため，人材育成にはむしろマイナスになっている面がある。また馬の鼻先に人参をぶらさげるようなやり方は，従来からの過密労働やストレスを増幅させた面もある。さらに，そもそも日本企業は金銭よりも次の仕事の内容（ポスト）で報いる，内発的な動機づけを重視した労務管理で成功してきたのであり，成果主義はそれを破壊するものだという批判もある（高橋 2004）。

縮[7]に直面し，1998年危機以降は損益分岐点比率を大幅に引き下げるため特に人員削減を押し進め，失業率が急速に上昇した。

7）　ただし，第1章の注23と注38で述べたように，これはある程度相対化されるべきである。

また同じくこの時期から賃金は一貫して抑え込まれるようになり，2002年以降の輸出主導型の景気回復にもかかわらず，生産性上昇の成果は労働側にはほとんど還元されなかった。1970年代後半以来，退化しつつも残っていた内需を基盤とする成長回路は，いまや決定的に麻痺させられ，不安定な外需に依存した状況が続いているのである。

(4) 開放経済における内需の回路の復権

こうしたなか，近年では労働側だけでなく政府・財界・企業の一部も賃上げの必要性を唱えるようになってきたが，まだ十分な労使合意があるとはいえない。その理由のひとつは国際競争の存在である。このことは短期と長期の視点で総合的に考える必要があるが（長期における動学的な収穫逓増は特に重要な論点となる），ここでは短期の開放経済を想定した総需要・総供給モデルを紹介し，それによって賃金引き上げの問題を分析してみよう（以下はAnisi 1994：Capítulo 11を基盤とし，そこで扱われていない所得分配の側面についてはAnisi 1987：Capítulo 19, Capítulo 20で補強している。本節（2）の議論と同様，内生的な貨幣供給を仮定し，金融市場の影響を捨象している）。

単純化のため政府部門を捨象すると，総需要 AD は消費 C，投資 I，輸出 X，輸入 M の合計となる。

$$AD = C + I + X - M$$

消費は所得 Y，賃金所得者の消費性向 c_w，利潤所得者の消費性向 c_p，貨幣賃金 w_m の増加関数であり，労働生産性 z と国内

価格 P の減少関数である(本節(2)を参照)。ただし $c_w > c_p$ とする。

$$C = f(Y,\ c_w,\ c_p,\ w_m;z,\ P)$$

投資 I は独立に決まるものとする。

$$I = f(I_a)$$

輸出 X は国内価格 P の減少関数,外国価格 P_f,外国所得 Y_f,現地通貨建て為替レート er(たとえば1ドル x 円)の増加関数である。

$$X = f(P_f,\ Y_f,\ er;P)$$

輸入は国内価格 P と所得 Y の増加関数,外国価格 P_f と為替レート er の減少関数である。

$$M = f(P,\ Y;P_f,\ er)$$

ここで総需要 AD に対する国内価格 P の変化の影響を抽出する。国内価格 P が上昇すると,①実質賃金と労働分配率が低下して消費が減少し,②輸出も減少するが,③輸入は増加する。つまり国内価格 P と総需要 AD($=$所得 Y)は負の相関関係にある。総需要 AD 曲線は**図8**のように右下がりになる。

他方,国内価格 P は次のように決まるものとする。

$$P = \left(\frac{w_m}{z} + \frac{P_m \cdot er}{h}\right) q$$

z は一定の労働生産性($\frac{Y}{L}$;L は雇用量;収穫不変を仮定),

図8 開放経済における賃金の引き上げ

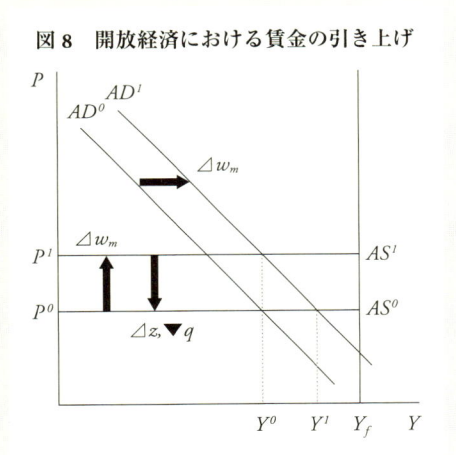

【出所】Anisi 1987: Capítulo 20 および Anisi 1994: Capítulo 11 により筆者作成。

P_m は輸入原材料 RM の国際価格,h は原材料に対する所得の技術的関係（$\frac{Y}{RM}$；一定），q はマーク・アップ率である。生産能力が完全稼動したときの産出量を Y_f とすると，総供給 AS 曲線はその水準まで水平に描かれる。以上の総需要 AD,総供給 AS の 2 つのスケジュールが交わる点で均衡所得が決まる。

ここで貨幣賃金 w_m が引き上げられたとしよう。これは一方では消費を増加させ，総需要 AD 曲線を右側に移動させる。それゆえ所得は Y^0 から Y^1 に増加する。しかしこのとき他の変数が一定ならば国内価格 P も等しく上昇し，総供給 AS 曲線は上に移動する。このため所得 Y は当初の水準に戻る。要するに，貨幣賃金 w_m の上昇は，それだけでは所得 Y（および雇用）の

増加にはつながらないかも知れないのである。

ただし以上の想定は必ずしも現実的ではない。国内外の競争があるため、国内価格 P は簡単には引き上げられないからである。貨幣賃金 w_m が上昇したとき国内価格 P を一定に保つには、国内で管理できない原材料費用を捨象すれば、①労働生産性 z を引き上げる、②マーク・アップ率 q を引き下げる、③以上2つを適切に組み合わせる、のいずれかしかない。このうち②または③が実現すれば、貨幣賃金 w_m の上昇による費用の増加は吸収され、総供給 AS 曲線は当初の位置にとどまるが、その同じ貨幣賃金 w_m の上昇によって総需要 AD 曲線は右側に移動するため、所得 Y（および雇用）は増加するだろう。

この筋書きの要件は次の通りである。第1に、賃金を引き上げるためには、最低賃金の調整をはじめとする政府規制や労働側の交渉力の強化、そして特に非正規労働者に対する差別的な雇用慣行の是正が欠かせない。国際労働機関（ILO）も認めるように、賃金制度のあるべき姿は同一価値労働・同一賃金なのである（次頁コラム「§同一価値労働・同一賃金」を参照）。

第2に、生産性向上への更なる取り組みである（固定費も考慮すれば、賃金の上昇に伴う需要の増加それ自体が規模の経済＝収穫逓増を可能にするが、ここでは前述の価格式にそくして組織革新にもとづく供給側由来の生産性の向上を考える）。ただし日本型の柔軟な作業方式は、成果主義賃金による労働者間競争や、失業・転職に伴う生涯賃金減少（磯谷、植村、海老塚 1999 のいう「制度化された失業コスト」）への恐れともあいまって、過密労働やうつ病、過労死などの労働災害を招きがちである。こ

§同一価値労働・同一賃金

　同じ仕事であれば，雇用形態，労働時間，性，年齢などを問わず，1時間当りの賃金は等しくあるべきだという原則。ILO 第100号条約に規定されており，日本もこれを1967年に批准している。

　欧米先進諸国の一部では立法化されているほか，労使協定によって職務別の賃金が企業横断的に規制されていることが多い。日本では労働基準法第4条に規定された男女同一賃金が同一労働・同一賃金の原則に相当することになっているが，実際は同じ仕事であっても賃金格差が顕著であり，ILO は日本政府に対して別途立法化するよう促している。

　こうしたなか，非正規雇用問題への関心の高まりをうけて，2008年4月から改正パート労働法が施行され，正社員並みの仕事に携わっているパート従業員に対する差別的待遇は禁じられた。しかしこれによって均等待遇を得るのは一握りの人々にすぎず，その他大勢の賃金は依然として無規制のままに放置されようとしている。これを是正するには職務分析・職務評価にもとづいて仕事ごとの統一的な時間給を定め，それ以外の要因による賃金格差を禁じることが必要である（熊沢 2007）。

れを避けるための組合規制と労働基準監督の強化が要請される。
　第3に，マーク・アップ率の引き下げは主要企業・財界の合意が前提となる。これは第1の要件とならんで所得政策を意味し，政府の誘導によって補強されれば効力を増すだろう。マーク・アップ率の引き下げというと企業経営を悪化させるかに思えるだろうが，必ずしもそうではない。このとき貨幣賃金の引

き上げにより労働分配率が拡大し，消費需要が増加しているから，企業の収益は需要面からは押し上げられ，マーク・アップ率が引き下げられても利潤率は必ずしも低下しないのである[8]。

おわりに

本章では新古典派の標準的な労働市場理論に含まれる問題点を解説し，それとは異なる考え方のいくつかを検討した。両者の労働市場観とそこから導かれる政策上の意味合いには根本的な違いがあることが理解できただろう。そのうち最後の第2節（4）で展開した所得政策の考え方は〈「99%」のための対抗戦略〉ともいえるものであり，今後に向けてぜひ検討されるよう願っている。

所得政策というと，物知りの読者の中には「それは1970年代にインフレ抑制を目的として実施されたが，結局失敗したものだ。いまさら何故そのような過去の遺物を持ち出してくるのか？」といぶかる人もいるだろう。たしかに欧米諸国についてはそういえるかも知れない。1970年代前半と1980年代半ばのラテン・アメリカ諸国についても同様である。しかし他ならぬこの日本という国は，非公式ながら事実上の所得政策を成功させた「実績」をもっている（第1章注8を参照）。

さらに現代の世界も広い視野で見渡してほしい。過激な経済自由化により1990年代にデフレと大量失業で苦しんだ南米の国アルゼンチンでは，2002年以降，脱・新自由主義政策に転換し

---

8) この点のより詳しい解説は安原 2008：109-111を参照。

た。その過程で2004年から、範囲はなお限られているが所得政策（大企業との価格協定と賃上げ誘導）を実行し、所得分配の改善、経済成長、雇用の増加を実現してきているのである。

　もっとも、詳しいことは省略するが、2002年の政策転換に際して起きた調整スタグフレーションの結果、実質賃金と労働分配率は歴史的な低落を余儀なくされていた。近年の脱・新自由主義政策はこの最悪の事態を緩和したが、1990年代初めの振出し（それ自体、よく知られた1980年代の債務危機下の「失われた10年」をうけてのものであり、すでに好ましい状況ではなかった）に戻しつつある「だけ」だという見方も成り立つ。また第2節（4）でおかれた価格一定の前提もここでは成り立っておらず、2007年からはむしろ推定年率20%台のインフレが進行している。だがそれでもデフレと大量失業を続けるよりは明らかにましであり、一歩前進には違いない（佐野　2009：50-52, 117-119／佐野　2012b：168, 200-202, 212-214）。そのような留保は付くものの、振出しに戻る気配さえない日本の「99%」にとっては、地球の真裏のこの経験はそれなりに参考になるだろう。こうした世界の現実も幅広く考慮しながら、目の前の現実の問題と創造的に格闘していく姿勢が求められているのである。

読書案内

①アンドルー・グリン（横川信治、伊藤　誠訳）『狂奔する資本主義』ダイヤモンド社、2007年
②熊沢　誠『格差社会ニッポンで働くということ』岩波書店、2007年
　　＊①は今日の労働市場が抱える問題を資本主義経済の歴史的な変容

と関連づけて理解するのに役に立つ。②は日本の労働と雇用の全体像についてわかりやすく解説している。

③伊東光晴『現代に生きるケインズ』岩波新書，2006年

④ポール・デヴィッドソン（渡辺良夫，小山庄三訳）『ポスト・ケインズ派のマクロ経済学』多賀出版，1997年

　　＊新古典派の労働市場理論の批判は③（第2章）と④（第11章）を参照するとよい。

⑤ゲスタ・エスピン-アンデルセン，マリーノ・レジーニ編（伍賀一道ほか訳）『労働市場の規制緩和を検証する――欧州8カ国の現状と課題』青木書店，2004年

⑥佐野　誠「第6章 労働市場と雇用関係」石黒　馨編著『ラテンアメリカ経済学』世界思想社，2003年，所収

　　＊労働市場の規制緩和の論拠が事実に照らして薄弱であることについては，前掲①（第2章，第5章）のほか⑤と⑥も参考になろう。

⑦塩沢由典『複雑系経済学入門』生産性出版，1997年

⑧吉川　洋『現代マクロ経済学』創文社，2000年

　　＊現代経済の通常の条件の下で収穫逓減がみられないことについては⑦（第3章，第11章）と⑧（第4章）を参照してほしい。後者は日本の製造業に関する実証分析を含む。

⑨マルク・ラヴォア（宇仁宏幸，大野　隆訳）『ポストケインズ派経済学入門』ナカニシヤ出版，2008年

⑩ Samuel Bowles, Richard Edwards and Frank Roosevelt, *Understanding Capitalism*, Third Edition, New York: Oxford University Press, 2005

⑪ David Anisi, *Tiempo y Técnica*, Madrid: Alianza Editorial, 1987

⑫スティーヴン・マーグリン，ジュリエット・ショアー（磯谷明徳，植村博恭，海老塚　明訳）『資本主義の黄金時代』東洋経済新報社，1993年

　　＊労働市場の代替理論のいくつかの方向性について教科書的な基礎知識を得るには⑨（第2章，第4章），⑩（Chapter 16）のほか，やや古いが⑪も有益である。なお本章ではとりあげなかったが，⑩

(Chapter 12) ではネオ・マルクシアンの効率賃金理論ともいえる対抗的交換理論をわかりやすく解説している。ただし，その前提には新古典派と共通の最適化行動の仮定がおかれており，注意を要する。⑫（第4章，第5章）には，本章補論Ⅰで紹介する雇用レジーム理論と関連した，より専門的な文献が収められている。

⑬ロベール・ボワイエ（清水耕一編訳）『レギュラシオン――成長と危機の経済学』ミネルヴァ書房，1992年

⑭山田鋭夫『20世紀資本主義』有斐閣，1994年

⑮ロバート・ブレナー（石倉雅男，渡辺雅男訳）『ブームとバブル――世界経済のなかのアメリカ』こぶし書房，2005年

⑯宇仁宏幸「第6章 90年代日本と米国の構造変化と資本蓄積」山田鋭夫，宇仁宏幸，鍋島直樹編『現代資本主義への新視角』昭和堂，2007年，所収

⑰磯谷明徳，植村博恭，海老塚 明「第2章 戦後日本経済の制度分析」山田鋭夫，ロベール・ボワイエ編『戦後日本資本主義』藤原書店，1999年，所収

⑱ロナルド・ドーア「私の〈所得政策復活論〉」『中央公論』2001年12月号，所収

　　＊フォーディズムの理論と実証としては⑫（第2章）と⑬を読むとよい。また⑭は先行研究を要約・整理しつつ日本経済との関連を論じている点で有益である。⑮はSSA派やレギュラシオン派の利潤圧縮説（1970年代の危機に関する）を相対化していて参考になる。開放経済における賃金主導型の雇用レジームについて欧米における従来の研究は必ずしも楽観的ではないが，⑯では，1990年代の日本において労働生産性上昇の成果を賃上げのためにより多く配分していたとすれば，経済成長への累積的な因果連関が働いた可能性があることを実証分析にもとづいて指摘している。⑰では「制度化された失業コスト」と労働生産性の関連について実証分析を行っている。⑱は日本経済がデフレから脱却する方法として所得政策（ここでは

労使合意による賃上げ）を提案した時論であり，大変示唆に富む。

【その他の参考文献】

石水喜夫『現代日本の労働経済――分析・理論・政策』岩波書店，2012年

内橋克人『悪夢のサイクル――ネオリベラリズム循環』文藝春秋社，2006年

NHKスペシャル「ワーキングプア」取材班『ワーキングプア』ポプラ社，2007年

高橋伸夫『虚妄の成果主義』日経BP社，2004年

ポール・H. ダグラス（辻村江太郎，続　幸子訳）『賃金の理論』上巻・下巻，日本労働研究機構，2000年

モーリス・ドッブ（氏原正治郎訳）『賃金の理論』新評論，1962年

橘木俊詔『格差社会――何が問題なのか』岩波新書，2006年

中野麻美『労働ダンピング』岩波新書，2006年

山家悠紀夫『景気とは何だろうか』岩波新書，2005年

David Anisi, *Modelos Económicos*, Madrid: Alianza Editorial, 1994

David Anisi, *Economía Contracorriente. Antología de David Anisi*, Madrid: Catarata, 2010

補論Ｉ：雇用レジームという視点――賃金主導型と利潤主導型

第2節（2）で紹介した理論は実質賃金と雇用の間に正の相関関係があるとみる。これに対して，両者の相関関係は状況次第で正にも負にもなりうることを認め，各々のケースでいかに雇用を増やすかを考える議論もある。以下は本章**読書案内**にあげた文献⑩のChapter 16の説明に若干手を加えたものである。

論点を明確にするため、短期の閉鎖経済を想定する。y を単位労働時間当りの純生産（労働生産性），N を雇用量（総労働時間）とし，y はいま想定している範囲内では一定とすると，総供給 AS は次のように書ける。

$$AS = yN \quad \cdots (1)$$

政府部門を捨象すると，総需要 AD は消費 C と投資 I から構成される。

$$AD = C + I \quad \cdots (2)$$

消費性向を c，単位時間当り実質賃金を w（ここでは労働者だけでなく，雇用主も経営者報酬として賃金を得ているものとする）とすると，消費は次式のようになる。

$$C = cwN \quad \cdots (3)$$

賃金以外の所得全体を利潤 R とする。

$$R = N(y - w) \quad \cdots (4)$$

投資 I は，利潤以外の要因から影響を受ける部分 $\bar{I}$ と，利潤に規定される部分 jR から構成されると仮定する。ただし j は投資に対する利潤効果である。

$$I = \bar{I} + jR = \bar{I} + jN(y - w) \quad \cdots (5)$$

（3）式と（5）式を（2）式に代入し，（1）式を用いて均衡雇用量 N^* を求めると，次式が得られる。

$$N^* = \frac{\bar{I}}{y - w(c-j) - yj} \quad \cdots (6)$$

　他の変数を一定として実質賃金の上昇が均衡雇用量に与える影響を考えると，2つの可能性があることがわかる。すなわち，もし $c > j$ であれば N^* は増加し，逆に $c < j$ であれば N^* は減少する。前者を賃金主導型の雇用レジームといい，後者を利潤主導型の雇用レジームという。

　賃金主導型の雇用レジームは，不況時や貧困国など低所得の人々が広くみられる場合，支配的になりやすい。そうした状況では消費性向 c が相対的に高くなるからである。不況時にはまた生産能力も過剰であり，投資も手控えられるため，利潤効果 j は小さくなりがちである。この点でも賃金主導型の雇用レジームが優ることになりやすい。このときには実質賃金が全般的に上昇するような政策，たとえば最低賃金の引き上げが雇用の増加に有益である。

　これに対して利潤主導型の雇用レジームは，利潤率の高低に応じて資本の国際移動が行われるような場合に現れやすい。また好況末期には消費性向 c が相対的に低くなり，生産能力の稼働率も上がるため利潤効果 j は高くなる。それゆえ，やはり利潤主導型の雇用レジームが支配的になる。この状況で雇用を増加させるひとつの手段は企業減税であるという[9]。

9） 筆者自身はこの点には同意できない。1980年代以降の主要諸国における一連の大幅な企業減税を考慮すれば，利潤主導型の雇用レジームの下であっても，雇用を増やす手段としてそれを活用するのは賢明ではない。むしろ資本移動規制の導入などが考えられてよいだろう。

以上からわかるように、この議論は賃金の上昇が雇用に与える影響について複眼的な視点を提供しており、より慎重であるといえる。なお第4章第1節では、これをさらに発展させた近年の理論・実証研究の成果にも簡単にふれている。それらによれば、ある経済は理論上は利潤主導型でも賃金主導型でもありうるが、現実には、市場規模が大きい国々は賃金主導型となる傾向にあり、逆はまた逆である。また仮にいま利潤主導型のレジームが支配的だとしても、未来永劫そのように運命づけられているわけではない。政府と社会の両方の側からそうした構造を変革し、賃金主導型へと転換すればよいのである。本章第2節（2）のモデルも、そのような規範的な意味合いをもつものと考えてもらえばよいだろう。

補論Ⅱ：階級別の租税負担比率を考慮したモデル

　第2節（4）で提示したモデルは単純化のため政府部門を捨象している。しかし第1章でも指摘している通り、税制のあり方は可処分所得の格差やひいては経済の構造・動態に重大な影響を与える。これは「99％」にとっても決して見過ごせない問題である。この論点を先のモデルの枠組みで扱うためのひとつの方法は、消費関数に階級別の租税負担比率 $\frac{T_w}{T_p}$ の効果を組み込むことである（Anisi 1987）。

$$C = f\left(Y - T,\ c_w,\ c_p,\ w_m\,;\,z,\ P,\ \frac{T_w}{T_p}\right)$$

　ただし T は租税、T_w は賃金所得者の租税負担、T_p は利潤

所得者の租税負担である。一方，政府支出 G も外生変数 g としてモデルに組み込まれる。

$$G = g$$

容易に理解できるように，以上の手続きの結果，政府部門がモデルに挿入されると総需要 AD 曲線に影響が現れる。すなわち，C は T および（または）$\frac{T_w}{T_p}$ の減少関数になり，他の条件が一定なら総需要 AD 曲線はこの C，そして G の水準に応じて左右に移動する。読者は図8にこれらの要素を加え，各自の問題関心に応じて思考実験してみてほしい。一例をあげよう。いま利潤所得者に対して減税が行われ，その穴埋めとして同額だけ賃金所得者に対する増税が実施されたとしよう。これは T を維持する一方で $\frac{T_w}{T_p}$ を引き上げる。その効果は図上でどのように描けるだろうか。

補論Ⅲ：内生的な貨幣供給のより現実的な想定

第2節（2）と（4）で扱ったモデルでは，内生的貨幣供給を仮定することで金融市場の影響をひとまず捨象した。ただし，ある与えられた利子率の下で，貨幣需要に対して完全に受動的な貨幣供給が行われるという意味での内生的貨幣供給は，商業銀行と企業等の関係では実際には必ずしも成立していない。現実には銀行は借り手の返済能力を審査し，場合によっては融資申請額を削ることもある。つまり，借り手によって表明される潜在的な貨幣需要が融資前の段階で現実の

貨幣需要へと変換されるのであり，文字通りの受動的な与信が行われるわけではない。また借り手の信用度や経済情勢によっては，リスク・プレミアムが上乗せされて利子率が高めに設定されることもあり，これも現実の貨幣需要の大小に影響を与える。こうして決まる現実の貨幣需要は，仮に他の条件が等しければ——実際はそうでないことが多いのだが——支出全般を制約するだろう。

信用割当とも呼ばれるこの問題を先のモデルに組み込むには，たとえば投資関数の説明変数に融資申請承認比率 l（現

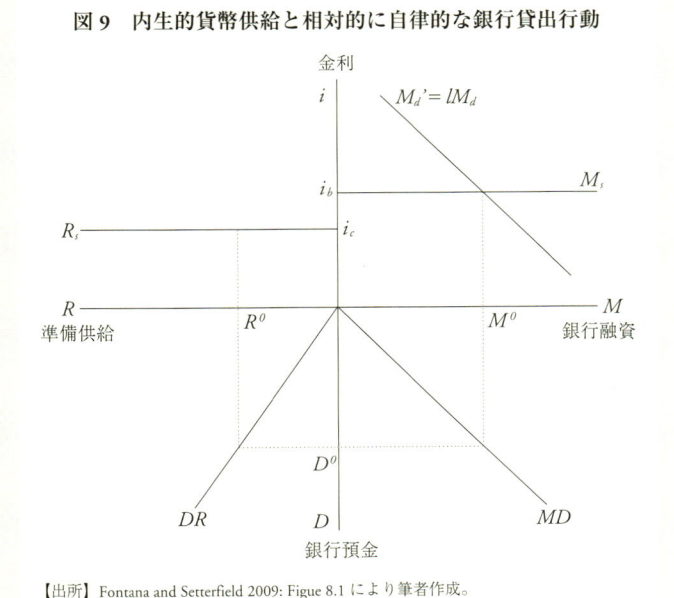

図9 内生的貨幣供給と相対的に自律的な銀行貸出行動

金利 i
$M_d' = lM_d$
i_b — M_s
R_s — i_c
R — R^0 — M^0 — M
準備供給 銀行融資
D^0
DR D MD
銀行預金

【出所】Fontana and Setterfield 2009: Figue 8.1 により筆者作成。

実の貨幣需要への潜在的な貨幣需要の変換率）と利子率 i を加え，他方で貨幣市場を**図9**のように想定すればよい[10]。ただし投資は l の増加関数，i の減少関数となる。

　図の右上は，資金の借り手による貨幣需要と商業銀行による貨幣供給を示す。現実の貨幣需要 $M_d{}'$ に応じて，商業銀行は，中央銀行の政策金利 i_c にマーク・アップ率を加えた市場金利 i_b で貨幣供給 M_s を行う。ただし $M_d{}'$ は，潜在的な貨幣需要 M_d に融資申請承認比率 l を乗じたものである。このとき銀行融資 M の均衡値は M^0 によって与えられる。

　この融資にもとづいて投資が実行されると所得が生み出され，その一定割合が預金 D として商業銀行に還流する（MD；単純化のため預金比率は一定とする）。万が一の取り付けに対応するため，商業銀行は預金の一定割合にあたる準備を必要とし，それを「最後の貸し手」である中央銀行に求める（DR）。この貨幣需要に対して中央銀行は政策金利 i_c で応じ，準備供給 R_s を内生的に行う（図では R^0）。

10）投資関数以外についても同様に想定できるが，単純化のため省略する。一方，**図9**の原典である Fontana and Setterfield 2009 では実質利子率がとられているが，本補論では Anisi 2010：80 にしたがって名目利子率を問題にする。なお，以下で問題になるのは短期利子率だが，投資をいくらかでも左右するのは長期利子率であり，短期利子率ではない，という見方も有力である。ここでの説明は絶対的なものではないことに注意してほしい。

第3章
TPP の理論的批判

橋があると仮定して谷を渡る?

はじめに[1]

政府が「環太平洋連携協定」に参加する方針を表明した2010年秋以降，TPPと略称されるこの自由貿易協定（FTA）の是非をめぐって国論は二分されてきた[2]。TPP原加盟国4か国（P4）のうち少なくともニュージーランドにおいては，同協定が従来の経済自由化政策を対外的かつ制度的に固定化し，将来の政策選択の余地を狭めようとする戦略だったという見方が提起されているが（Kelsey 2006）[3]，TPPへの参加は日本にとってもまた，2009年秋の本格的な政権交代で一時揺らぎかけた「新自由主義サイクル」の構造（第1章）を改めて更新させるものだと考えられる（佐野 2011a）。この点に関連してひとつ問題となるのは，TPPが経済成長に寄与するという試算が内閣官房によって2010年の秋に公表され，そのことが同協定への参加を正当化する政治的役割を果たしたということである。

しかし上記の試算に用いられた応用一般均衡モデル（*Computable General Equilibrium Model*：以下CGEモデルと略称する）には看過できない問題点があり，このことをわきまえないまま安易に政策決定を行うのは危険である。本章ではFTA先進国

1） 本章は佐野 2011cに加筆したものである。
2） TPPはシンガポール，ブルネイ，チリ，ニュージーランドの4か国を原加盟国として2006年に発効した。2011年には拡大交渉国としてアメリカ，オーストラリア，マレーシア，ベトナム，ペルーが，また2012年末には追加拡大交渉国としてカナダ，メキシコが，それぞれ加盟協議に入っている。
3） チリもまたP4の一国であるが，その対アメリカFTA（2004年発効）についても，財界や右派の経済学者・シンクタンクが同様の戦略をもっていたことが指摘されている（Pizzaro 2006：22-23）。

アメリカにおけるこの点に関連した先行研究をとりあげ、そこで提起されてきた主な論点を整理する。

まず第1節では、TPPをめぐる日本の政策論争においてCGEモデルの利用法が問題とされたことにふれる。次に第2節では同モデルの基本的な思考法を簡単に確認し、第3節ではその問題点をやや詳しく検討する。さらに第4節では、同じCGEモデルでも標準的なものとは理論的基礎が異なる、代替的な使い方についてみる。ただしそれも完璧ではないこと、また一般に統計学的推論は経済現象を理解するうえで本質的に限界を抱えており、あくまで参考程度に了解しておくべきことを最後に指摘する。

第1節
TPP 論争と CGE モデル

内閣官房が2010年10月に公表した文書『EPAに関する各種試算』（内閣官房 2010）によると、日本がTPPに参加した場合GDPは0.48〜0.65％増加するという。これに対してTPPに参加せず、農業など重大な影響を受ける恐れのある分野を除外して中国・EUと自由貿易を実施すれば0.50〜0.57％の経済成長率にとどまる。これらは川崎研一・内閣府経済社会総合研究所客員主任研究官（野村証券金融経済研究所主席研究員）がCGEモデルの一種であるGTAPモデルを用いて導いた予測結果であるが、上記文書は「一定の前提に基づいたものであるので、数字はあ

る程度幅をもって考えられるべき」だと注記している。それでは「一定の前提」とは具体的にどのようなものなのか——実はこの点について当初は何も明らかにされなかった。にもかかわらずメディアが大々的に報じたこともあって、専門家がはじき出したこれらの数字は客観的・中立的で疑いを容れないものであるかのように受けとめられ、次第に独り歩きするようになった。その結果、TPPへの参加は国益にかなうものだという印象が一挙に強められた。

　これに対してTPP反対派も黙っていたわけではない。たとえば前農林水産大臣（当時）の山田正彦はオンライン雑誌のインタビューに対して、内閣府に上記の推計の根拠を公開するよう求めたが拒否されたため、対中国FTAと対アメリカFTA（よく指摘されるように、事実上それはTPPと等価である）とではどちらの利益が大きいか、やはりGTAPモデルで試算し直してもらうよう知人の学者に依頼したと述べている[4]。

　また社会民主党議員（当時。現・日本未来の党）の阿部知子も2011年2月28日の衆議院予算委員会の席上、内閣府による2005年時点での推計では日中韓FTAの経済効果の方が日米FTAのそれよりも大きかったことを指摘し、TPPへの参加から得られるだろう利益を、ほかならぬ政府の数字を逆手にとって相対化している。同議員はまた「内閣府の試算のデータを出してくれと言ったら、巨大なコンピューターを回していてわか

4）　http://www.the-journal.jp/contents/newsspiral/2011/01/tpp_8.html（本記事は *The Journal* 編集部・上垣喜寛が2011年1月31日に投稿したものである）

らない[という]。わからなきゃこれも検証できませんよ」（[］は引用者）とも発言している[5]。

2人とも内閣府の推計の根拠を問題にした点でたしかに鋭い。しかしながら，この時点ではCGEモデル自体の是非については問いただしていない。

その後さらに展開があった。経済誌のインタビューに応じた川崎研究官が，問題の試算は実は10年間にわたる関税撤廃等の自由化の累積効果であり，これを年率に換算すればGDP成長率は0.1％にしかならないと明らかにしたのである[6]。先に指摘した「一定の前提」の一部が公にされたわけだが，これに対して関西大学社会学部教授の高増明（国際経済学）はおよそ次のように批判を加えている。

そもそもGTAPモデルはアメリカのパーデュー大学の農学部がデータ・セットとともに提供しているものであり，本来は貿易政策が農業部門に与える静学的な効果を分析することを目的としている。内閣府の10年間にわたる試算は時間の経過を考慮する動学モデルを利用したものであるはずだが，それはGTAPの基本モデルの設定を変えたり，各変数の重みづけに用いるパラメータを変更したりした等の結果だと推察される。こうした改作が恣意的になりやすいことを考慮し，基本モデルと初期設定のパラメータを用い，日本がTPPに参加した場合の効果を分析してみたところ，GDPは条件次第で0.29％または

5） http://www.shugiin.go.jp/index.nsf/html/index_kaigiroku.htm（衆議院会議録）
6） 『週刊東洋経済』2011年3月12日号，53頁。

0.43％増加するが,コメ・小麦・穀物類・肉類を中心として農業に深刻な打撃を与えることがわかった。内閣府もこうした「不都合な真実」は承知していたはずであり,それを隠していたとしか考えられない,というのである[7]。

　傾聴に値する議論だが,ここではさらにもうひとつ,関連した論点を提起しておきたい。CGE モデルそれ自体に潜む問題点である。

　TPP を強力に進めているほかならぬアメリカでは,日本と比べて FTA の歴史が長いため,北米自由貿易協定（NAFTA）が発足する以前の段階から CGE モデルによる予測分析が広く活用されてきた。しかし注目すべきことに,これと同時に同モデルそのものの恣意性を根本的に批判する議論も早くから展開されている。また世界貿易機関（WTO）ドーハ・ラウンドの経済効果についても同様の予測分析（世界銀行の CGE モデルである LINKAGE によるもの）が行われてきたが,これに対しても繰り返し疑問の声が上がっている。

　一方,GTAP や LINKAGE は実は経済学の主流である新古典派の考え方に依拠したものであるが,これと異なる反主流（たとえば構造派やポスト・ケインジアン）の経済学理論にもとづいて CGE モデルを利用することも可能であるなど,具体的な対案も提起されている。TPP に疑問をもつ人々は,そうした議論にもぜひ学ぶ必要がある。以下,その概要を紹介しておこう。

7） http://www.the-journal.jp/contents/newsspiral/2011/04/tpp_15.html（本記事は *The Journal* 編集部・西岡千史が2011年4月19日に投稿したものである）

第2節
CGE モデルの思考法

　まず新古典派 CGE モデルの基本的な思考法を確認する。阿部議員に対する内閣府の回答にも示唆されているように，同モデルは膨大な数のデータと方程式を扱う。その意味では複雑な性格をもつ。だが基本的な発想自体は意外に単純である。

　FTA にはさまざまな内容が盛り込まれているが，その基軸は輸入関税の撤廃である。新古典派のミクロ経済学によれば，輸入関税に限らず課税一般は社会的損失（後述するように，誰にも帰属しない潜在的な消費者余剰と生産者余剰）を生み出すものであり，これを廃止することによって社会全体の経済的厚生（所得またはそれから得られる効用）が高まる。いいかえれば市場経済への政府の介入は無用の長物だとされるのだが，このことは次のように図解できる（**図1**）。

　いま縦軸に価格，横軸に数量をとり，標準的な右下がりの需要曲線 D と右上がりの供給曲線 S を描く（このうち右上がりの供給曲線 S は特に製造業については妥当しないのだが，この点には立ち入らないでおく）。D と S が交わる e で需要と供給が一致し，均衡価格 P^* と均衡生産量 Q^* が成立している。P^*, e, D によって囲まれた部分を消費者余剰，また P^*, e, S によって囲まれた部分を生産者余剰という。ここで長方形 P_d, A, B, P_s だけの課税が実施されると均衡生産量は Q_t に移り，小

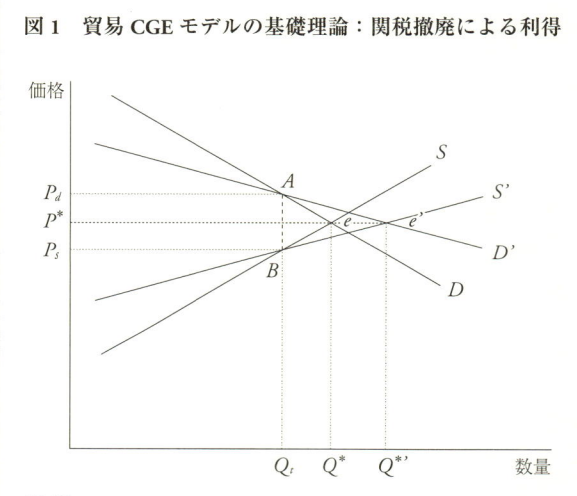

112　第3章　TPPの理論的批判

図1　貿易CGEモデルの基礎理論：関税撤廃による利得

縦軸：価格、横軸：数量。価格軸に P_d, P^*, P_s、数量軸に Q_t, Q^*, $Q^{*'}$。点A、B、e、e'、曲線S、S'、D、D'。

【出所】Taylor and Arnim 2006: 10, Figure 2 および Taylor 2010: 52, Figure 2.1 により筆者作成。

三角形 A, B, e の面積に相当する余剰分は失われ，社会的損失となる。しかしこれとは逆に課税を撤廃すれば，まさに小三角形 A, B, e 分の余剰が得られることになり，社会の経済的厚生は高まる。

　課税の有無に伴う以上のような得失を数量化する試みは1950年代に始まっているが，このことに特に力を入れたのがマネタリズムの領袖ミルトン・フリードマンと同じくシカゴ大学で教鞭をとっていたアーノルド・ハーバーガーである。当時シカゴの大学院生たちの間では教授陣の戯画を描いた暦をつくる習わしがあったが，「トライアングル・マン」なるスーパー・ヒー

ローとして描かれたハーバーガーの胸には,図のような小三角形の紋章があしらわれていたという（Taylor and Arnim 2006：Endnote 5）。

第3節 CGE モデルの問題点

さて問題の CGE モデルは,ミクロ経済学から導かれるこの「ハーバーガーの小三角形」を一国全体に拡張適用し,輸入関税撤廃の効果を定量化しようとするものにほかならない。ところがそこには人を誤らせるいくつかの本質的な問題が潜んでいる。

第1に,価格弾力性などのパラメータの値の設定が恣意的になりやすいということである（Taylor and Arnim 2006：12）。**図1**に書き加えた需要曲線 D' と供給曲線 S' をみて頂きたい。均衡価格 P^* と課税額は先ほどの D,S と同じだが,傾斜は緩やかになっている。これは価格の変化に対して需要と供給がより弾力的に反応することを意味している。図からわかるように,こうした例では「ハーバーガーの小三角形」が大きくなる。したがって輸入関税撤廃による経済厚生の増加もその分だけ大きい。ということは,CGE モデルにおいてもし貿易自由化の効果を大きめに「予測」したければ,価格弾力性の値を高めに設定すればよいことになる。その結果をみてまた弾力性の値を微調整してもよい。つまりモデル分析を行う者のさじ加減で「予測」

結果は変わってくる。

なおパラメータは別途行われる計量経済分析から導かれることもあり、この場合は恣意性が薄まるようにも思われよう。しかし経済統計には多くの「ノイズ」が紛れ込んでいる。このため、これが唯一無二といえるような予測はやはり困難なのである。

表1はNAFTAの経済効果に関する事前の予測を一覧にしたものだが、CGEモデルによるものだけをみても実に多様な結果が得られていることがわかる。これは前提となる仮定の細かな差異にもよるが、以上の問題点を傍証するものでもある[8]。

第2に、標準的なCGEモデルは、新古典派経済学の理論モデルをある基準年度のデータ・セットに適合するよう調整するだけで構築される。このため、時系列データとの整合性を要求される通常の計量経済モデル——すでに述べたように、それもさほど堅牢なものではないが——と比べても経験的根拠が薄弱である（Stanford 1993：97）。

第3に、CGEモデルの基本となる静学モデルについて特にいえることだが、一連の非現実的な仮定を前提している。具体

---

8) 2005年1月1日に発効したオーストラリアとアメリカのFTA（AUSFTA）についてもCGEモデルによる予測分析が事前に複数行われたが、それらの結果は正反対であった。そしてその主な原因は、採用された弾力性値（後述する「アーミントンの仮定」に関わるもの）が異なっていたことにあるという（Ackerman and Gallagher 2008：69）。また世界的な貿易自由化の利益に関するGTAPやLINKAGEを用いた予測結果も、仮定のおき方やデータ・セットの版の違いによって大きく異なっている。ただし推計された利益がどのようなものであれ、世界経済全体の規模に比べてごく小さなものにすぎないという点では同様である（Ackerman and Gallagher 2008）。

表1 NAFTAの経済効果に関する各種実証分析の比較

分析の種類と論文の著者	推計結果（単位%；下限値／上限値）						仮定			
	アメリカ			メキシコ			完全雇用	貿易収支一定	資本移動不在	財の国別差異
	GDP	雇用	賃金	GDP	雇用	賃金				
CGEモデル										
Bachrach/Mizrahi (KPMG)	0.02/0.04	0	0.02/0.03	0.32/4.64	0.85/6.6	0	○*	×	○	○
Brown/Deardorff/Stern	0.01/0.03**	0	0/0.2	1.5/5.0**	0	0.7/9.3	○	○	○	○
Hinojosa/Robinson	−0.2/+0.1	−1.0/+0.2†	−	0.1/6.8	−0.1/5.0†	−	○	×†	○	○
McCleery	0.22/0.51	0	0.14/0.39§	0.01/11.39	0	−0.5/+11.4§	○	×	×	○
Robinson et al.	0/0.34	0	−0.55/0§	0.07/7.43	0	−0.25/+3.6§	○	○	○	○
Roland-Holst et al.	0.06/2.07	0.08/2.47	0	0.13/3.38	0.33/2.4	0	×	○	○	○
Spriggs	−0.62	−0.45"	−	8.21	8.82"	−0.39	○	−	×	○
マクロ経済モデル										
Almon	0.11/0.17	0.03/0.05	0.19/0.28	−0.35/0	−0.90/−0.01	−	×	×	○	○#
その他のモデル										
Hufbauer/Schott	−	0.1	−	−	2.0	8.7	×	×	○	×
Koechlin et al.	−	−0.70/−0.45	−2.3/−1.4	−	−	−3.2/−0.2	×	×	×	×

【注】*アメリカのみ。**経済的厚生において同等の変化。†移民による労働人口の変化。完全雇用は維持。+いくつかの想定では同仮定を採用。−論じられていない。§全種類の労働者の賃金の加重平均変化。"高賃金労働者のみ。全体としては完全雇用の維持。#アーミントンの仮定を改訂。関税の引き下げにより全種類の輸入品の需要が増加し、その一部はメキシコのものであると想定。

【出所】Stanford 1993: Table 1. ただし表の体裁を一部改めている。

的には多くの場合，完全雇用，貿易収支一定，資本移動不在，財の国別差異が仮定されている（**表1**）。このほか財政収支一定（たとえば貿易自由化に伴う輸入関税収入の減少を相殺するように他の税収が増える）の仮定もよくおかれる。

以上のうち完全雇用と貿易収支一定の仮定は，さらにその前提として賃金と為替レートが実質ベースで迅速かつ柔軟に調整

される(その結果として完全雇用と当初の貿易収支が維持される)ことを想定している。だが実際には少なからぬ失業が持続しても歴史的・制度的な慣性や倫理的な要因が作用するため，賃金はそれほど弾力的には下方調整されないし，また仮にそうなるとしても，それゆえにむしろ需要が減少し，かえって不完全雇用が深刻化する場合もある。為替レートにしても，金融市場による攪乱や国家間の力関係が影響し，貿易収支を不変に保つように自動的に調整されることはない。同様に，財政収支一定の仮定がいかにも現実離れしているのは説明するまでもないだろう。

一方，財の国別差異は「アーミントンの仮定」とも呼ばれるが，これは同じ種類の財であっても生産された国が異なれば消費者が選り好みするため不完全な代替関係にある，というものである。これをより具体的な例でいいかえれば，たとえば低賃金国から輸入されたある安価な財が高賃金国の高価な同類の財に取って代わることはない，ということであるが，この場合，企業としてはそれならば他国の低賃金を理由としてわざわざ移転する必要はない，ということになる。つまり「アーミントンの仮定」と資本移動不在という仮定は互いに補い合う関係にある (Stanford 1993：101)。

しかし今日，財の特徴を規定するのは国というよりもむしろ企業であることが格段に多くなってきている。「日本で製造されるトヨタのある車はアメリカでつくられる同じモデルの車と変わりはなく，トヨタ・グループが自らどれだけの車を輸出入するかを決めている。いいかえれば国際貿易の多くは企業内取

**表4 WTOドーハ・ラウンドの効果の予測:
世界銀行のCGEモデルとその部分的な代替モデル**

(単位:%)

	サハラ以南のアフリカ		その他の国々	
	LINKAGE	Taylor/Arnim	LINKAGE	Taylor/Arnim
雇　　用	−	2.879055	−	−0.9837263
財政赤字	−	5.4682709	−	2.2814657
経常赤字	−	1.19＜	−	−1.19＜
経済的厚生	−0.2893646	2.2686171	0.72288	−0.6365665

【注】雇用は基準年の水準に対する変化率、その他の指標はGDP比。−は変化しないことを示す。＜は表示されている値よりも大きいことを示す。
【出所】Taylor and Arnim 2006:39-40 および Ibid.: Figure 9 により筆者作成。

赤字、経常収支のいずれも不変だが、これは不思議でもなんでもなく、単にそのように仮定されているからである。前にも述べたが、賃金、税収、為替レートが迅速かつ柔軟に変化することでこうした結果を導く——このことがモデルの解法として前提されているのである。また経済的厚生には負の効果があることになっている。

一方、部分的な代替モデル(表中のTaylor/Arnimの欄)はどうかといえば、雇用は増加し、経済的厚生にも正の影響がみられるものの、それと同時に財政赤字と経常赤字の面では脆弱性がみられ、経済不安定化へのリスクが生じるようになる。これは所得の増加が必ずしも持続可能とは限らない性格のものであることを示唆している。

おわりに

　以上のように,同じ CGE モデルであっても仮定を一部現実的にしただけで予測結果に先のような違いが生まれる——このことには十分注意する必要がある。GTAP であれ LINKAGE であれ,経済学主流の理論にもとづく CGE モデルから得られる結論は,それだけをみて鵜呑みにしてはならないのである。

　もっとも構造派の CGE モデルの場合も,結局のところは単年度のデータ・セットに依拠することになるなど,新古典派の分析と同様の技術的問題点は残ってしまう。また通常の計量経済モデルも含めて一般に統計学的推論は,過去または一時点の経済構造が将来も不変にとどまることを暗黙に想定している点で,根本的な不確実性の問題を迂回してしまうという本質的な限界を抱えている（ドスタレール 2008：159-160, 164-165, 171-175）。その意味では,理論的基礎がどのようなものであれ,この種の分析の結果はあくまで参考程度のものと了解しておくのが賢明である。「科学的」な装いに惑わされて,なにか唯一無二の決定的な結論であるかのように勘違いしてはならない。

　洗練された手法で怪しげな推定値を導いて事足れりとするよりも,不確実性の存在を絶えず意識しつつ,見過ごされてきた単純素朴な統計値や経験的事実を丹念に掘り起こすことの方が,実は物事の本質を理解するのに有益である場合が多い。TPP 問題を考えるときにも,このことを改めてよくわきまえておく必要がある。「想定外」といい繕わなければならない事態が起きてしまってからでは遅いのである。

(またはポスト・ケインジアン)の理論を援用したときには,一体どのような仮定がおかれることになるかが示されている。

それによれば貯蓄(供給側)ではなく投資(需要側)が独立に経済活動を起動させ,資本移動は現に存在し,所得は国や時期によって異なる制度のありかた(またその背後の政治・社会的な力関係)に強く左右され,不完全雇用(場合によっては長期失業)こそが常態である。さらに財の差異は多国籍企業の内部には存在しないため貿易の急激な変動や資本移動の可能性が生じるほか,貿易収支も不均衡に陥りがちである——。予断なく物事をみようとする人なら,まず間違いなくこちらの方が日常に近いと感じることだろう。

こうした仮定にもとづく代替的な CGE モデルは,実際の政策分析にも活用されている。そのひとつの代表的な実例集として,ニュー・スクール大学のランス・テイラーたちが寄稿した『社会的に意味のある政策分析——開発途上世界のための構造派応用一般均衡モデル』(Taylor 1990)を参照することができる。一方,テイラーたちはまた WTO ドーハ・ラウンドが最貧国に与える効果について,世界銀行の LINKAGE による予測と,同モデルの仮定の一部を現実的にした代替的 CGE モデルにもとづく推計を対比し,両者の違いを際立たせることも試みている (Taylor and Arnim 2006／関連して Taylor and Arnim 2007も参照)。

具体的には,LINKAGE では完全雇用,財政収支一定,経常収支一定のほか「アーミントンの仮定」など通常の CGE モデルと同様の仮定がおかれているが,その一部を変更して不完全雇用,可変的な財政収支,可変的な経常収支を仮定する(また

LINKAGEが真正面からは扱っていない為替レートを政策変数として明確に設定する)。ただしLINKAGEは87か国，57部門，5生産要素を想定した大規模・複雑なモデルであるのに対して，2地域(最貧国の象徴としてのサハラ以南のアフリカとその他の国々)，3部門，2生産要素とかなり単純化した構成にする。このほかにも動学(ただし15回＝15年間にわたる自由化の効果)と静学(1回限りの自由化効果)，貿易自由化に伴う生産性上昇効果の有無，データ・セットの版の違い(GTAP 6, GTAP 5)など，いくつか差異はあるが，詳細は省略しよう。以上の分析戦略からも明らかなように，この比較で大切なのは両者の予測値の精度や大小ではなく，むしろその方向性や安定性がどう異なってくるかを確認することである。

なお世界銀行のCGEモデル分析では貿易の価格弾力性(アーミントンの弾力性)として比較的高めの値を採用することが多く，このことが従来から批判の対象になってきた。なぜならそうした操作によって輸出入の価格感応性が強く想定されれば，その分だけ他の変数に要求される調整は少なくて済むからである。このことを考慮し，ここでの予測では貿易の価格弾力性を平均1.5程度と経験的にみて妥当な値に設定している (Taylor and Arnim 2006：33, 40)。

さて，このような設定でドーハ・ラウンドの効果の予測を比較したものが**表4**である。先進諸国の輸出補助金と国内補助金，そして開発途上諸国の工業品輸入関税がいずれも撤廃されるとどうなるかを分析している。いまは取り急ぎサハラ以南のアフリカだけに着目しよう。まずLINKAGEにおいては雇用，財政

第 4 章
「共生経済社会」の構想

内需主導型成長と「FEC 自給圏」の
整合性を中心に

はじめに[1]

　第1章で強調したように,「新自由主義サイクル」の罠にとらわれている限り,日本の経済と社会は行き詰まるばかりである。所得格差の拡大が消費を中心に需要(内需)を低迷させることはすでに指摘した通りだが,そればかりでなく,健康格差や教育格差を助長することで労働力の質を損なうことにもなり,経済の供給側にも悪影響をおよぼす。また各種の格差や貧困の広がりは,自由化・規制緩和・「小さな政府」などの政策・制度変化や,これと連動した労使関係の変容(たとえば能力主義の強化や成果主義,株主重視の企業経営)から直接・間接に導かれた面があり,それは自己責任とは無関係であるため,倫理的にも正当化できない。

　それでは一体どうすればよいのだろうか。これは本書だけでは到底論じつくせない,非常に大きな問題だが,筆者なりの考えは第2章で一部述べてある。また本書姉妹編『99％のための経済学【教養編】』(佐野 2012b：第1章「#4 共生経済社会のデッサン」)でも,より広い視点から対案を素描している。ここではそのうち,内需主導型成長と「FEC自給圏」(内橋克人)の整合性という問題領域を中心に,脱「新自由主義サイクル」の構想をさらに詰めて考えてみたい。ただし【教養編】でもまた本書冒頭「読者へ」でも断っておいたように,内需主導型成長といっても経済成長それ自体が目標なのではない。そのことは本章の内容からも改めて理解されるだろう。以下,第1節ではマ

---

1) 本章は佐野 2012a に加筆したものである。

クロの視点からの，また第2節ではミクロの視点からの考察を試み，全体として「共生経済社会」の構想を語ることになる。

第1節 マクロの視点から考える

(1) 再確認:「新自由主義サイクル」という悪循環

はじめに少しだけ回り道しよう。菅民主党政権のときに提起された「新成長戦略」は，アジアなど新興諸国の旺盛な経済成長を取り込むことを主な柱として掲げていた。これは外需（また観光や医療ツアーなど外国人旅行者の購買力から生まれる「内需」）をなによりも当てにしようとする点で，もはや内需を見限った考え方であったといえる。いいかえれば，これまでの「新自由主義サイクル」の過程で生み出されてきた経済・社会構造を放置しながら，「救いの神」を場当たり的に外国に求めようとしたものにほかならない。

いまではよく知られているように，農業，医療，金融・保険，政府調達，投資など多くの分野でさらに自由化・規制緩和（つまりは競争）を求められる可能性が高い環太平洋連携協定（TPP）[2]も，「新自由主義サイクル」を改めて対外的に固定・更

---

[2] ただし後発医薬品や娯楽映像などの分野における知的財産権については，むしろ規制を強化することがアメリカの多国籍企業から要求されている。これまでと同じくTPPの場でも，企業の利害次第で自由化と規制がご都合主義的に使い分けられているのである。

新することになるだろう。そうなれば、これまでの経験からも明らかなように、またもや（本来の）内需が冷え込んでいくはずである。その結果、輸出と投資をグローバルに進めてきた大企業やこれを中心とする利益複合体はますます外需を求めるようになり、従来以上に「開国」路線の既得権益となっていくに違いない。最低限の共生（第1章注31を参照）さえ破壊し、多様な生を実現する可能性を奪いながら、悪循環が繰り返されていくことになる。「新自由主義サイクル」を前提とした輸出・投資主導型の経済成長は、まったく倒錯的な仕組みからなっている——まずはここをしっかり理解しておく必要がある。

　もっとも、このように述べても、なお次のような疑問が残るかも知れない。「現に輸出（そしてそれに刺激を受けた投資）が日本の経済を牽引しているのなら、それに反対ばかりしていても仕方ないではないか。大企業が潤えば中小企業にも利益は滴り落ちてくるだろうし、従業員もそうだろう。TPP反対派が叫ぶように農業や医療なども大切だというのはわかる。しかし、とりあえず日々のこの暮らしを守っていかなければならない。となれば、やはり長いものに巻かれるしかないだろう。それに自由貿易は各国に普遍的な利益をもたらすと、経済学でも教えているではないか。〈自由な〉貿易…。響きもいいし、何がいけないのだろうか？」と。

　このような疑問を抱く心情はよく理解できる。しかし繰り返すが、その先にあるのは「新自由主義サイクル」の悪循環である。先の疑問については理論的に考えるべきこともあるが、取り急ぎ事実関係から改めて確認しておくと、まず輸出・投資主

導型の経済成長による「均霑(きんてん)効果」や自由貿易の「普遍的な利益」は,現実には存在していない。

　第1章でもふれたように,日本経済は「新自由主義サイクル」の過程で輸出・投資主導型に変質してきた。また農業は高度成長期から一貫して農産物輸出大国アメリカの圧力を受け,極端な「開国」政策に翻弄されてきた。鈴木 2008をはじめとする農業経済学の専門家が再三警鐘を鳴らしているように,主な先進諸国のなかで顕著に低い食料自給率や穀物自給率こそ,その象徴にほかならない。たしかにコメなど一部の重要農産物には高い輸入関税が課されている(また繊維・皮革製品等の若干の工業製品も関税でそれなりに保護されてはいる)。だが,それは最後の聖域ともいえるものであり,日本はすでに世界有数の自由貿易国家になっている。なお農業と同じく,漁業や林業も強い対外開放圧力にさらされてきたのは周知の通りである。

　ところが,これも第1章や第2章で何度か述べたように,1990年代末から平均賃金は名目でも実質でも横ばいまたは低下ぎみであり,その一方で労働生産性は伸びてきたため,労働分配率はほぼ一貫して下がってきている(2008〜09年に一時上昇しているのは,不況の結果,労働生産性が低下したからにすぎない)[3]。また高度成長期に1%台であった失業率は近年4〜5%台と高止まりしており,雇用情勢は改善の兆しがみえない。さらに相対的貧困率は主要先進諸国中アメリカ合州国に次ぐ高さであり,生活保護受給件数も1990年代後半から一貫して増え

---

3) 労働分配率は利潤分配率と表裏一体の関係にある。第1章の**図7**および同じく注38を参照。

てきており，自殺者数に至っては1998年から2011年まで3万人台を更新し続け，2012年も2万人台後半で高止まっている。これでは「均霑効果」も「普遍的な利益」も，空疎にしか響かないのではないだろうか。なにかが確実に間違っていたのである。

(2) 自由貿易理論の問題点

以上だけでも十分だろうが，念のため，もう少し考察を詰めておこう。まず自由貿易についてである。たしかに経済学では，貿易に参加することで，どの国も利益を得られると教えている。比較優位説という名前の国際貿易理論がそれである。この理論には古典派のもの（比較生産費説とも呼ばれる）と新古典派のものと2種類あるのだが，ここではとりあえず古典派の理論をとりあげ，その是非を考えておこう（コラム「§比較優位説の例解」も参照）。

各国が他の国と比べて相対的に労働生産性の高い産業に生産要素（この理論では労働力）を集中するものとしよう。これは専門用語では比較優位産業に特化する，という。このとき労働生産性は世界全体として以前よりも高くなるため，貿易される財の生産量は増える。つまり貿易は普遍的な利益をもたらすことになる。比較優位説とは，ごく簡単にまとめれば，このような考え方である。

ここまでの話は「なるほど」と，魅力的に思えるのではないだろうか。ところがこれは，実はいくつかの現実的とはいえない前提にもとづいていることが，昔から繰り返し批判の対象になってきた[4]。少し噛み砕いて説明しておこう。

---

4) 以下の論点すべてを網羅するわけではないが，比較優位説の簡潔な批判は

第1節　マクロの視点から考える　131

§ 比較優位説の例解

　イギリスの経済学者デイヴィッド・リカードが編み出した比較優位説を簡単に紹介しておこう（Reinert 2007：Appendix I をわかりやすく改作した）。はじめに，財1単位を生産するのに必要な労働時間が以下のようであったとする。

　このときポルトガルは2財いずれについても絶対優位にあるが，一次産品において比較優位にある，

	工業製品	一次産品
イングランド	15	30
ポルトガル	10	15

という。イングランドは工業製品において比較優位にある。

　イングランドは270労働時間，ポルトガルは180労働時間を利用でき，貿易前は下表の①のように生産を行っていたとする。各国が比較優位にある財に特化すると，②のようになる。

	①貿易前の各国・各財の生産量		②貿易後の各国・各財の生産量	
	工業製品	一次産品	工業製品	一次産品
イングランド	8(=120÷15)	5(=150÷30)	18(=270÷15)	0
ポルトガル	9(=90÷10)	6(=90÷15)	0	12(=180÷15)
生産量の合計	17	11	18	12

　貿易後は生産量の合計が2財とも増えていることがわかる。その分を適切に分け合えば2国とも貿易前より豊かになる。これが自由貿易の利益である。

　たとえば労働移動の問題である。比較優位産業に特化すれば…と，理論では簡単にいうのだが，これは労働者が多少とも地

デヴィッドソン 2011：第7章を参照。より詳しいことは西川 1978：第7章が依然として参照されるべきである。なお自由貿易論の批判としては，本書第3章も参考になるだろう。

理的に移動することを必要とする。東日本大震災や福島の原発事故の後、さまざまな理由で多くの人々が故郷を離れた。しかし一方で、不便さや危険にもかかわらず地元に残っている住民も大勢いる。故郷への愛着というだけでなく、避難にはなにかと多くの費用がかかってしまう（また補償が十分ではない）ためでもあろう。移転から期待される費用対効果――人間の計算能力は主流の経済学が想定するほど完璧ではありえないが、百歩譲って仮に正確な期待値を確率計算できたとしても――は各人・各世帯の条件によって多様であり、それは簡単には進まないのである。

さらに、特に現在の日本の雇用慣行では、別の土地に移って新しい仕事を探せたとしても中途採用となり、一般に待遇が悪くなってしまう。また悪くすれば正規職に就けない、（歴史的・倫理的に積み上げられてきた生活水準を正当に前提としたとき）食べていけるだけの仕事がない、ということもあるかも知れない。これは震災や原発事故といった特別な場合でなくとも、大体は似たような結果になるだろう。だとすれば、特化によって仮に労働生産性が改善したとしても、労働者が本当にその利益にあずかれるかどうか、怪しくなってくる。

ほかにも問題がある。比較優位産業への特化の結果、全体として仮に労働生産性が上昇しても、それによって増える供給（生産量）に見合った需要を確保できるかどうか、事前に保証されているわけではない。主流の経済学は、需要不足の可能性には常に無頓着なのだが、その性癖がここでも表れている。つまり「供給はそれ自体で需要を生み出す」と考えているのである。

経済学説史上「セイ法則」と呼ばれるこの思考法は、それこ

そ企業経営者には悪い冗談としか思えないのではないだろうか。いかにして商品・在庫を売りさばくか、どうすれば生産設備の稼働率が上がるか、彼女ら・彼らは日々苦労しているのだが、それが微塵も反映されていない考え方だからである。実際には需要不足は一時的にも、そして長い期間にわたっても、広い範囲でよくみられる——これが現実である。特化の結果、労働生産性が向上したからといって、需要が足りなければまったく意味がない。つまり貿易の「普遍的な利益」は必ずしも実現しないのである。

　問題はまだある。グローバルにみられる資本移動の現実が考慮されていないことである。いまとりあげている古典派の比較優位説では、ある産業の技術、つまり労働生産性は各国で異なると想定している。そこから比較優位という概念を導いてくるわけである。ところが現代では資本移動が大規模に行われており、日本も含めて企業はグローバルに展開している。それに伴って技術革新も普及し、どこでも完全に同じというわけではないにせよ、労働生産性にも収斂傾向がみられるようになる。この場合、低賃金国（開発途上国）では高賃金国（いわゆる先進国）に比べて単位賃金費用（賃金÷労働生産性）が安くなる。そのため企業が前者に移転し、後者は失業と賃下げをよぎなくされてしまう。逆にいえば、比較優位説は前提が非現実的であり、そのままでは通用しないことがわかる。

　このほかにも、教室で最初に必ず教わる素朴な理論では規模の経済を無視しているなど[5]、比較優位説にはまだまだ問題が

5）　規模の経済（製造業など工業で生じやすい）が作用する場合、単純な比較

あるのだが、ここでは最後にもう一点、日本独自の自由貿易批判にもふれておこう。日本学術会議が農林水産省の諮問をうけて提起した「農業の多面的機能」論である。農業は食料安全保障だけでなく、治水機能、環境・景観の保全、生物多様性の確保、農村社会の伝統文化の維持など、多くの役割を担っている。そのあるものは実際に貨幣評価することもでき、それは膨大な金額になる、というものである[6]。

最後の「聖域」であるコメ等も含め、TPP（また世界貿易機関［WTO］）で完全に「開国」をしてしまえば、アメリカやオーストラリアとの農場経営規模の圧倒的格差により、日本の農業は少なからぬ打撃を受ける可能性がある。このとき同時に、農業のもつ「多面的機能」も失われ、国民的に多大の損失をこうむることになるわけだが、本来の比較優位説ではこうしたこと（負の外部経済）も考慮されていない。

ちなみに農業が立ち行かなくなれば、農業機械産業など関連産業も影響を受け、初めに指摘した労働移動に伴う雇用問題が大規模に生まれてくる。安い牛丼（コメ＋牛肉）を食べられるようになって喜んでいるのも束の間、失業圧力が高まって、労働条件は改善されないか、悪くなることすら考えられる。そうならないように雇用創出支援政策を行うなら行うで、今度は財

優位説の命題は成立しない。このとき、たとえば農業国は保護主義政策を採用して工業化を進めた方がむしろ有利になる。アメリカ合州国の経済学者フランク・グラハム（Graham 1923）は、このことを早期に指摘し、当時の自国の（世界有数の高率保護関税をはじめとする）保護主義政策を正当化した。

6） 農林水産省「農業・農村の多面的機能」を参照（http://www.maff.go.jp/j/nousin/noukan/nougyo_kinou/index.html）。

政事情がさらに悪化するという事態を引き起こす。仮にそうなったとき，自由貿易論者は一体どのように責任をとるつもりなのだろうか。

　以上に尽きるわけではないが，自由貿易を正当化する理論にはさまざまな問題があり，決してそれを鵜呑みにしてはならない。自由貿易は社会全体に等しく利益をもたらすとは限らないものなのである。

（3）輸出・投資主導型成長の問題点

　次は輸出・投資主導型の経済成長についてである。日本の「新自由主義サイクル」にみられる事実関係を超えて視野を世界に広げ，もう少し詰めて考察することにしよう。ここでは，経済成長の類型に関する近年の理論的・実証的研究を参考にできる。それによれば，経済成長の類型には，内需主導型と輸出主導型の2つがある。理解しやすくするため，かなり単純化して説明すると次のようになる[7]。

　まず内需主導型とは，実質賃金を引き上げると消費が増え，これが投資を刺激し，経済成長が起こる，このような類型を意味する（このため賃金主導型または消費主導型ともいう）。ところが，実質賃金が上がると費用が増えるため，利潤が圧迫されて投資が手控えられ，同時に純輸出（輸出－輸入）も減る可能性が出てくる。このとき，場合によっては，消費と投資の増

7）　関連して第2章の補論Ⅰも参照。そこでは雇用レジームという表現を使っているが，雇用は財への総需要の大小によって変動するわけだから，ここでの議論と本質的には同じことである。

加分よりも投資と純輸出の減少分の方が多くなってしまい、需要全体としては減ることになるかも知れない。逆にいえば、このような事例では、むしろ実質賃金を抑制するか引き下げて純輸出や投資を増やした方が、経済成長を促すことになる。これが輸出主導型の成長といわれるものである（利潤主導型または投資主導型ともいう）[8]。

それでは各国の経済は内需主導型と輸出主導型のどちらに類別されるのだろうか。このことについては、過去20年ほどの間、国際比較を交えた実証研究が積み重ねられてきている。もっとも、対象とする時期・期間や分析手法が必ずしも同じではないため、いまのところ厳密なことはいえない。そのように断ったうえで大まかな結論だけ紹介すると、アメリカは（分析の期間や手法によって）どちらにも分類され、EU全体では内需主導型、EU加盟国のうちオーストリアのような小国は輸出主導型、

8）内需主導型、輸出主導型のほか、後者の下位類型として金融主導型の存在を指摘する研究者もいる（Stockhammer 2010）。いま実質賃金を抑制しているので内需主導型にはならないが、なんらかの事情で純輸出がマイナス（貿易赤字）になっているとしよう。そのまま放置すれば需要が低迷してしまう。この場合の対応としては、政府の赤字支出を増やすことのほか、さまざまな金融回路（カード・ローンなど消費者金融やサブプライム住宅ローンなど）を通じて予算制約を一時的に和らげることにより、消費（また住宅投資）を増やすことが考えられる。この成長類型が金融主導型である。ただちにわかるように、金融主導型成長は1980年代からのアメリカ経済の事例に相当する。そこでは実質賃金を抑制する雇用の柔軟化が官民一体で進められたほか、金融自由化の下で多様な金融イノベーションが暴走し、結果として「超バブル」（ソロス 2008）や「バブル循環」（金子 2010：第3章）が引き起こされた。このようなやり方が持続不可能だということは、2008年秋のリーマン・ショックやそれに続く「大後退」（*The Great Recession*）で誰の目にも明らかになった。

中国やブラジルも輸出主導型、アルゼンチンは内需主導型といった分析結果になっている。日本はどうかというと、アメリカの場合と同じで、分析の期間や手法によって輸出主導型と内需主導型のいずれにも分類されている[9]。

　仮に以上の分析結果が正しいとした場合、経済運営をどう考えるべきだろうか。先ほどのような類型化の考え方からすれば、内需主導型なら実質賃金を引き上げるような政策・制度改革を、反対に輸出主導型なら実質賃金を抑制するような施策を、それぞれ実行すべきだということになるだろうか。日本の場合、研究によっては輸出主導型に分類されてもいるので、もし単純にこうした発想で事を進めるのであれば、それこそこれまでの「新自由主義サイクル」を今後も続けるべきだ、ということになりかねない。繰り返し述べたように、長年の循環の結果、内需が冷え込むようになり、輸出がそれなりに経済を牽引していること、それ自体はたしかだからである。

　結論からいえば、輸出主導型の成長であるからといって、それをそのまま肯定する（また批判派であれば内需主導型の経済運営を諦める）のではなく、逆に、だからこそ国内外にわたって必要な改革を大胆に進め、できる限り短期間のうちに内需主導型の経済構造へと大転換していかなければならない。国内でみられる「新自由主義サイクル」のさまざまな弊害だけが、その理由ではない。世界経済全体のことを考えても、そういわざ

---

9) *Cambridge Journal of Economics* 等の学術誌に専門家の論文が発表されてきたが、最近の総括的な研究としてLavoie and Stockhammer 2011およびOnaran with Galanis 2011を参照。

るを得ないのである。

　単純なことである。輸出主導型の成長は，一部の国々に限ればある期間は持続可能かも知れないが，世界のすべての国々がそれを進めるのは原理的に不可能である。なぜなら世界全体としては，純輸出，つまり輸出マイナス輸入は（宇宙人でも参加しない限り！）必ず相殺されてゼロになるからにほかならない。いいかえれば，輸出主導型の成長に執着し，貿易黒字を出し続ける国々は，その他の国々に赤字をもたらすわけであり，他の条件が一定ならこれは赤字国で需要が減る，つまり失業が生まれることを意味する。より簡単に表現すれば，いい古されたことではあるが，輸出主導型の成長にこだわる国々は，他の国々に失業を輸出する，迷惑千万な存在なのである。

　このようにいうと，いや，いまは金融自由化の世の中であって，赤字国は外国の資金で手当されるから問題ない，債務主導でも需要を増やすことはできる，と反論されるかも知れない。たしかに短期ではそういう可能性もあるだろう。しかし，そうした状態を続けることは，アメリカのような基軸通貨国でなければ困難である。それこそ極端な新自由主義政策の下，1990年代に債務主導型の成長を続けた後で（貿易赤字に象徴される持続不可能性を見越した投資家による）資本逃避に見舞われ，2001年にデフォルトに踏み切ったアルゼンチンや，近年のEU債務危機の発端となったギリシャを思い起こしてみれば，このことはすぐに理解できるのではないだろうか。

(4) 内需主導型の経済構造への転換

　いま一度話を戻せば，先ほど述べたような理由から，真に必要なのは，世界全体で内需主導型の経済構造に転換していくことである。そのために思い切った改革を断行していくことが求められている。

　国内面では，「新自由主義サイクル」を生み出してきた自由化・規制緩和・「小さな政府」・景気即応的な雇用調整などの政策・制度構造を改める。具体的には，最低賃金の大幅な引き上げ，生活保障賃金の制定，非自発的な非正規雇用の禁止，労働時間の一律短縮による雇用の分かち合い（ワーク・シェアリング），成果主義の廃止といった労働改革である。また富裕層増税，大企業増税，ぜいたく品消費税，資産課税の強化を優先財源とした社会保障整備や，投機的な資本移動・金融取引の規制など，他の分野でも整合性のある再規制を実施することが要請される。これによって経済構造を再編し，実質賃金の引き上げが成長につながるような体質を定着させなければならない。

　高度成長期には，たとえば労働生産性向上への労働者の協力の成果を実質賃金の多少とも企業横断的な引き上げ（また，これと連動した生産者米価＝農家の主な収入源の調整）によって還元し，大量生産と大量消費の好循環がマクロ経済レベルで実現した。つまり労使をはじめとした多様な利害の間に「停戦協定」型の共生がみられた（第１章注31を参照）。ところが，その後この仕組みは次第に破壊され，自由放任・自己責任偏重の競争原理が支配的になっていった。いまこそ，まずはマクロ経済

的共生の構造を改めて現代的に創発していくべき時である[10]。

　いうまでもないが,同じ趣旨の改革は,主な先進諸国や新興諸国でも望まれる。特に経済関係の深い韓国や中国については,現在のような格差社会を踏み台にした輸出ドライブを早急に是正してもらわなければならない[11]。韓国がアメリカ等との自由貿易協定(FTA)を増やせば増やすほど(少なくとも見かけ上の)「脅威」が増し,日本のTPP参加に格好の論拠を与えてしまう。そして日本が実際にTPPに参加すれば,今度はそれがまた韓国や中国への挑発行為になる。これでは際限のないチキン・レースになってしまう。

　一方,近隣諸国との「東アジア共同体」を熱望する向きもあるが,それがもし現在の新自由主義的な経済構造を互いに前提としたままのFTAや経済連携協定(EPA)であるということなら,まったくありえない選択である。韓国にも中国にも,現状に批判的な勢力はたしかに存在する。「99%」も巻き込んで破滅への輸出競争をしかけ合うのではなく,また格差の構造を棚上げした偽りの「共同体」を求めるのでもなく,現在の新自由主義的な「ゲームのルール」とお別れするために賢く連帯する——この方向性こそが追求されなければならない(ひとつの代替案として,このあとすぐにとりあげる「国際貿易機関

---

10) この一方で,地域での協力型の共生——内橋克人が提唱してきた「共生経済」——も,その拠点をさらに広げていかなければならない。このことと本節で論じた課題との整合性については次節で検討する。
11) とりわけ韓国では非正規雇用率が5割を超えているほか,20～30代の若者の死亡原因の第1位が自殺であるなど,世界有数のストレス社会になっている。関連して非正規雇用と韓国経済の関連についての実証分析は李 2010を参照。

（ITO）」や「国際清算同盟（ICU）」のような仕組みを東アジア諸国間で創設することが考えられる）。

その手がかりのひとつは，意外なことにアメリカにある。実は同国でも，北米自由貿易協定（NAFTA）以来のFTA政策には多方面から批判が寄せられている。国際競争の激化や企業の外国移転などで失業が増加したり，実質賃金が低迷したりしたため，労働組合は野放しの自由貿易政策に強く反対している。中小の家族農家も外国農産物との競争にさらされ，不満を抱いている。また，安全性規制が緩い開発途上国からの輸入農産物が増えたことで，食の安全が脅かされていると心配する消費者も増えている。さらに企業のなかにも，たとえばバーモント州のアイスクリーム業者ベン＆ジェリーのように，FTAやTPPに真正面から反対するものもある[12]。

こうした事情を背景に，民主党の連邦下院議員が中心となって「貿易改革・説明責任・開発・雇用法案」（略称 *T.R.A.D.E. ACT 2009*）といわれるものを用意し，超党派の支持を得ようとしている。要点は**表1**の通りだが，その精神を一言でいうなら，単純な自由貿易ではなく，「99％」の多様な利害に配慮する・規・制・さ・れ・た・公・平・な・通・商ということになるだろう。これと同じ趣旨の仕組みをEU，日本，新興諸国など世界の主な国々から導入し，互いに調整していけば，かつてジョン・メイナード・ケインズが提唱したITOに近い秩序が生まれるはずである[13]。

---

12) http://tppwatch.org/2011/09/07/ben-jerry-deliver-10000-postcards/
13) 1948年にハバナ会議で採択されたものの，アメリカの政治的支持を得られず空中分解したITO憲章では，完全雇用，福祉の向上，経済発展などの目標が掲げられていたほか，国際労働機関（ILO）との協力が義務づけられてもい

表1 「貿易改革・説明責任・開発・雇用法案」の概要

項　目	概　要
労　　働	ILO協約に定められた基本的な労働基準の遵守；罰則規定の明文化
外国投資	外国投資規制の権限保持；投機的資本移動の規制；外国投資家による対現地政府国外訴訟の権限を否認
農　　業	各国の農家が適正収益を得られるような農産物貿易；ダンピングの禁止
環　　境	多国間環境保護規制を遵守；貿易・投資促進のための環境規制緩和の禁止
食の安全	農薬・検疫・包装・表示など食料・食品の安全性規制を徹底
医　薬　品	後発医薬品を安価に購入できるよう，知的財産権を人道的に柔軟運用
政府調達	産業・労働・環境・エネルギー等に関する各国・各地域の政策を尊重
サービス部門	社会保障・医療・教育・水道・運輸等の民営化・規制緩和は要求しない
民主主義	民主的な政治体制と基本的人権の確立を前提とした通商

【出所】Wallach and Tucker 2010: 61-66 および Superintendent of Documents, US Government Printing Office 2009 により筆者作成。

　そうなれば，多国籍大企業や大国の利益を優先して，ご都合主義的な自由化・規制緩和を推進しがちなWTO, FTA, EPA中心の通商のありかたは，大きく変化するだろう。これは内需主導型の経済運営にも追い風となるに違いない。

　日本ではマスメディアの報道の仕方が偏っているためにあまり知られていないが，実はアメリカもTPP推進派一色ではな

た。また補助金や政府調達による産業保護，一次産品価格の安定化や農漁業の保護，輸入制限の条件付き容認なども規定された。現在の国際通貨基金（IMF）や世界銀行とは異なり一国一票制度が想定され，国連分担金を滞納すると表決権を失うことになっていた（ジョージ 2007）。

い（TPP 交渉に参加している他の国々でも事情は同じである）。オバマ現大統領も上院議員時代はそうだったのだが，既存のFTA や TPP に異を唱える市民も広く存在するのだということを理解し，国際的な連帯を強めていく必要がある。政治的な力関係のため，日本が仮に TPP 交渉に参加することになった場合でも，そこで思考停止するのではなく，国際連帯の力も動員しながら交渉内容を適切に修正（換骨奪胎）していく取り組みを続ける——そうした粘り強い姿勢が欠かせない。

　不毛で危険な輸出競争を防ぐには，先に述べた規制された公平な通商の仕組みを築くことに加え，これを補足するもうひとつの工夫も必要である。輸出主導型の成長や独り勝ちを国際的に監視し，世界経済の不均衡を是正する，公式の制度を作り出すのである。具体的には，ここでもやはりケインズが唱えたICU の構想（ケインズ 1992）を，現代的なやりかたで生かしていくことを考える（ジョージ 2007）。

　ICU は中央銀行間の国際決済手段バンコールを発行するが，各国はその保有残高が年度末にゼロ近くになる（つまり清算される）ように輸出入を調整することを求められる。そのためには，赤字であれ黒字であれ，それが各国に対して設定された一定の当座貸越（借越）枠——過去数年間の貿易額平均の50〜75％——を超えた場合には，その超過分に応じて高くなる利子をICU に支払うことにする。また同時に，赤字国は通貨を切り下げて純輸出（輸出−輸入）を増やし，黒字国は通貨を切り上げてそれを減らすことで，貿易収支の不均衡を対称的に是正する。さらに，黒字国の調整が不十分な場合には上記の超過分を

没収し,ICUの準備金に組み込む[14]。こうすれば,輸出主導型成長で独り勝ちを続けることはできなくなるだろう。

ところが,WTOとともに現在の世界経済の枠組みを取り仕切っている国際通貨基金(IMF)は,政策も理論も組織も,むしろ赤字国だけに輸出主導型(新自由主義)の経済成長類型を強要する役割を果たしており,少なくともいまのままでは,望ましい政策を実行できない(詳しくは佐野 2009:第6章を参照)。内需主導型の経済構造への転換を促す政策やそれを支える経済学理論を受け入れるよう,抜本的な組織改革を行うべきであろう。そのための国際世論を盛り上げなければならない。

第2節
ミクロの視点から考える

前節ではマクロの視点から脱「新自由主義サイクル」の構想を論じてみた。今度はミクロの視点も組み合わせながら問題に迫ってみたい。具体的には,すでに議論した内需(賃金)主導

---

14) 本来のICU構想は1930年代から第2次大戦時にかけての為替管理と資本規制を想定したものであるため(岩本 1999:第7章),現代版ICUを構築していく際にも,それらと類似した制度が導入されなければならない。貿易・金融・資本の自由化が定着してしまっている現時点では,これは時代錯誤だと思われるだろう。しかし現在の制度を温存すれば「新自由主義サイクル」(第1章)が今後も世界中で持続し,共生に反するさらに多くの事態が生み出されてしまうのは間違いない。時代錯誤かどうかが問題なのではない。共生とその質的向上を実現するには何が必要なのか。これが真の問題である。

型のマクロ経済運営と、内橋克人が提唱してきた「FEC自給圏」や「共生経済」とが、論理的に整合することを明らかにする。

(1)「FEC自給圏」と「共生経済」

「FEC自給圏」——すでに広く流通している国内産の規範的概念であり、認知度は高いだろうが、念のため、筆者の理解している範囲内で、その意味するところを改めて紹介しておこう[15]。

食料（F：*Food*）、エネルギー（E：*Energy*）、医療・介護・福祉（また地域社会の社会資本としての人間関係；C：*Care*）が、人間の共存にとって最低限欠かせないものであることは、いうまでもない。だとすれば、それらは本来できる限り各国・各地域で調達されることが望ましい、ということになる。前節で述べたように、貿易の利益が必ずしも等しく分配されない（あるいは利益それ自体がそもそも実現しないかも知れない）ということ、また特に食料・エネルギー源の輸入依存と長距離輸送に伴うさまざまな損失や環境への負荷（栄養価の低下、「農業の多面的機能」の喪失、限界集落の広がり、温室効果ガスの増加など）を考えれば、なおさらである。

ところが現実には、日本の食料とエネルギーの自給率は主な先進諸国のなかでも顕著に低く、また近年では医療・介護・福

15） 関連文献としては内橋1995や内橋2005を参照。佐野2012b：37で述べたように、近年注目されている「脱成長」論（ラトゥーシュ2010）にも「FEC自給圏」に類似した発想がみられるのは興味深い。

祉についても——国内の関係者を冷遇したまま——わざわざ外国人を利用しようとする政策がとられつつある[16]。一方エネルギーに関しては、後述する通りあらゆる意味で共生に反する原発が、国内外にわたる利害関係の下、電力会社の地域独占を伴いながら国策として集権的に乱造されたことも特記に値する。

　このような状況を克服するための「対抗経済」として提案されているのが、食料（F）、エネルギー（E）、医療・介護・福祉等（C）の地産地消空間または国内需給ネットワークを意味する「FEC自給圏」にほかならない。そこで取引される財は、一般のものや外国産のものに比べて高価であるかも知れないが、地域社会の健全な再生産を保障するという点で社会的な価値をもつ。また生産者も消費者も、この経済空間に参加し、それを維持することの意義や使命を程度の差はあれ了解している。その意味で、彼女ら・彼らは「自覚的生産者」であり、「自覚的消費者」なのである。

　そうした自覚はさらに、協同、連帯、協働、参加、自立といった精神にも自然につながる。内橋のもうひとつの独創的概念である「共生経済」も、まさにこうした理念に導かれた多様な組織形態の経済活動を意味している（後でふれる「社会的経済」や「連帯経済」などと共通する部分も多いが、必ずしも非

16）これは排外主義的・民族差別的な言説ではない。日本に出稼ぎしている労働者も、本来であれば母国において適切な条件で就労できるに越したことはないのである。ところが現実にはそうした環境にないため、日本側の労働開国を利用しているにすぎない。出稼ぎの必要を感じないで済むよう母国の経済構造を改革することこそ、本来の筋であるはずである。それを妨げる利害関係や権力構造が問題とされなければならない。

営利・協同セクターだけに限られる訳ではないと考えられる)。ここで注意しなければならないが，これは第1章注31や姉妹編『99%のための経済学【教養編】』(佐野 2012b：第1章#3) でふれた「停戦協定」としての共生ではなく，あくまで協力型の共生にほかならない[17]。以上のような性格をもつ「FEC自給圏」が，前節で問題にした自由貿易や輸出主導型成長と正反対の方向性をもつことは，もはや明らかだろう。

「共生経済」としての「FEC自給圏」は，空想の産物ではない。滋賀県の環境生協が創始した「菜の花プロジェクト」やデンマークの市民資本による風力発電の広がりなど，国内外にわたるその見事な実例や萌芽が，内橋の一連の著作のなかで具体的に報告されてきた (内橋 1995／内橋 2005)。また本章の注27や本文末尾でふれている生活クラブ生活協同組合の多彩な取り組みは「共生経済」の理念型に比較的近いと考えられるし (岩根 2012／井上 2012)，埼玉県小川町の霜里農場も典型的な事例のひとつだろう (NHKクローズアップ現代『"自給力" ～食とエ

---

17) 生物学では進化の原理として自然選択を重視するネオ・ダーウィニズムが支配的だが，他方で生物間の共生関係をマクロ (生態学，動物学) とミクロ (細胞内) の両次元で早くから問題にしてきたという経緯もある。自然選択に相互扶助を対置した——生物学者としての——クロポトキンも，その一例である (クロポトキン 2009／トーデス 1992)。しかし生物学の接近方法は次第に新古典派経済学の方法論から影響を受けるようになり，現代では共生関係も自己利益最大化競争の進化ゲームとして分析される傾向にある。進化生物学者の吉村 2009はこうした傾向を疑問視し，人間を含む生物が多様な共生関係 (競争に還元されない純粋な協力・協同) を通じて環境変動に適応しながら進化してきた面を強調している。ただしそこでは，「停戦協定」としての共生も協力型の共生も，単に協同・協力関係として一括されているように思われる。

ネルギーを自給する暮らしの可能性〜』2011年10月17日放送）。

　日本の有機農業の開拓者的存在である霜里農場では、食料自給を実現しているだけでなく、トラクターの燃料も天ぷら廃油を精製してまかない、豆腐店など近隣の食品業者に良質の原料（たとえば有機大豆）を提供している。有機農産物は手がかかるため割高だが、それをあえて原料として製造した、これまた割高な食品が、その風味を愛する——そしてその意義を理解する——消費者の手によって買われていく。近隣の住民はまた、農場の収穫物を安定した価格で定期的に購入するとともに、その配達時には家庭生ごみを引き渡して有機肥料にしてもらう。「自覚的生産者」と「自覚的消費者」がたしかに協力を通じて「共生経済」を作り上げ、地域の経済と社会を革新的に進化させているのである[18]。

　日本ではこのほか、山形県の高畠町も有機農業の拠点として知られているが、同じく山形県の長井市でも、生ごみを農業の資源とし、そこから生まれる農産物を域内で消費するという循環型経済の試みが積み重ねられている（レインボープラン推進協議会 2001）。また茨城県つくば市の会員制農産物直売所「みずほの村市場」も1990年以来、生産者が生活可能な価格を前提として品質改善・イノベーションを促す、新たなタイプの共生進化に取り組んでいる（牛久市、水戸市にも出店）。さらに、近年盛んに行われている「サード・セクター」「非営利・協同セクター」「社会的経済」「連帯経済」「社会的企業」についての

18）霜里農場についてはウェブ・サイト（http://www.shimosato-farm.com/）のほか、大和田 2011も参考にできる。

内外の研究も,「FEC自給圏」「共生経済」の問題関心を多少とも共有しながら, やはり市民の自覚にもとづく協力型の共生の多彩な事例を報告している（ボルザガ, ドゥフルニ 2004／西川, 生活経済政策研究所 2007／ハーシュマン 2008／田島, 山本 2009／大沢 2011／リピエッツ 2011／ラヴィル 2012)[19]。このように「共生経済」やそれに類した社会経済空間は, 国内外に広く拠点や「島」を築きつつあるのである。

(2) 足元の「共生経済」

「島」は, 実は筆者の住む新潟市にもいくつかみられる。ひとつは, 筆者自身も加わっている自然栽培米（玄米, 白米）のフェアトレード・ネットワークである。

そこでは同市北区の宮尾農園が生産する自然栽培米[20]を長期契約（暗黙の長期契約を含む）の一定価格で購入するのだが, その価格は5キログラム3,000〜3,300円と一般米の市場価格に比べればたしかに割高である。しかし消費者はこのコメの風味と安全性を高く評価しており, なにより生産者の前向きで誠実な姿勢に共感している。一般に有機米はカリウムとよく似た構造をもつセシウムを吸収しやすく, 3.11後の原発事故による放射能汚染の影響が懸念された。そうしたなか農園では, 2011年秋の新米の配達に際して, 放射能検査証明書（財団法人・新潟

---

19) 理論的な側面については大内 2012も興味深い考察を展開している。
20) 無農薬・無化学肥料で生産されるコメのことである。自然栽培といえば青森県弘前市の木村秋則による「奇跡のリンゴ」の事例が有名だが（石川 2008／木村 2010), 宮尾農園はこの自覚的農業者とも交流を重ねてきている。

県環境衛生研究所：ヨウ素131，セシウム134，セシウム137いずれも1キログラム当り10ベクレル未満未検出）を当然のように配布し，消費者の不安に応えている。農園ではまた，援農隊という消費者の農作業支援ボランティアの試みも行われているが，内橋ならばこれを「FEC自給圏」のC（地域の社会資本としての人間関係）と解釈するかも知れない[21]。

新潟市内ではエネルギーの地産地消の取り組みも行われている。代表的なものとして，市が主導する「菜の花プラン」（先にふれた「菜の花プロジェクト」の新潟市版[22]），新潟県と昭和シェル石油が共同で推進している雪国型メガソーラーの商業利用（全国初）[23]，そしてJA全農が農林水産省の補助金を得ながら実証実験を進めてきた，バイオエタノール混合ガソリンの製造・販売がある[24]。

このうち最後の取り組みは，まず新潟県内の休耕田を活用して飼料米を栽培・収穫し，それを原料に新潟東港近辺の施設でバイオエタノールを製造，次にこれを韓国から輸入したガソリンと混合し，県内22か所のJA給油所で「グリーン・ガソリン」として通常価格販売する――こういうものである。コメ由来のバイオエタノールを混合したガソリンを曲がりなりにも商

---

21) 宮尾農園では自然農法米のほか平飼い養鶏も手がけているが，その卵は市内のレストランや洋菓子店で利用されている。この点も含め，同農園を軸とした生産・流通・消費ネットワークの詳細は，面談調査を踏まえた植木 2012を参照。
22) 概要は http://www.city.niigata.jp/info/kantai/nanohana/top.htm を参照。具体的な成果と課題の詳細は戸川 2012を参照。
23) 概要は http://www.pref.niigata.lg.jp/sangyoshinko/1242331293084.html を参照。
24) 概要は http://ine-ethanol.com/index.html を参照。

業販売したのは，これが世界初の事例であるという[25]。

現時点では，こうしたエネルギーの地産地消の事例のどれも行政からのなんらかの補助があるため，本来の費用が生産者や消費者にすべて見える形にはなっていない。そのため，直接的な自覚性という点で「共生経済」の理念型とは距離があるとも考えられよう。しかし3つの事例は，まだ発展途上段階にあるものの，どれも再生可能エネルギーに関わる取り組みである。これに対して安全神話が崩壊した原子力発電は，いまではよく知られるように，どの段階においても共生に反する性格をもつ。オーストラリア先住民の意に反した原料ウランの採掘，過疎地への事故リスクの押しつけ，点検・保守作業に必ず伴う被ばく，放射性核廃棄物の中間処理・最終処分に長期間伴う汚染リスク（これも過疎地に押し付けられてきた），という具合である。こうして対比すれば，先の3つの事例が「共生経済」を担う可能性をもつことは明らかだろう。

さて以上は「FEC自給圏」でいえばFとEにあたるが，新潟市内には実はCに当てはまりそうな事例もいくつかみられる。その先駆けとなったのが，東区の木戸にある新潟医療生活協同組合の活動である[26]。

---

25) 成果と課題の詳細は，実態調査を踏まえた戸川2012を参照。混合用のガソリンをわざわざ韓国から輸入していること，また「グリーン・ガソリン」の販売がJA給油所に限られており，石油連盟系の通常の給油所では行われていないことに注意してほしい。これは「ガソリン・ムラ」との利害対立の結果である。この点は上記文献のほか，本書の姉妹編『99％のための経済学【教養編】』（佐野 2012b：第1章コラム「§「ガソリン・ムラ」対「共生経済」？」）も参照。
26) 概要はhttp://www.kido-hp.com/?page_id=16を参照。設立の歴史的背景，その後の成果と課題について詳しくはAlcorta 2009：Chapter 3を参照。新潟市内に

越後平野の多くの土地は、昔は「芦沼」と呼ばれる湿地帯で、たとえば稲作を行うにも舟を漕ぎ出し、胸まで泥沼につかって田植えをする、というような有様であった。木戸地区周辺もその例にもれず、農家は土地改良組合を結成して、まずは生きる糧を確保するための基盤を整えることから始めた。1960年代までにはその事業もほぼ一巡したのだが、ここで注目すべき革新的な共生進化が起こる。それまでに培われていた地域住民の連帯・協働の精神を社会資本として、今度は医療を中心とした町づくりに着手することにしたのである。

　当時の木戸地区は医療過疎の地域で、住民は健康面で心配なことがあると、費用（交通費、時間）をかけてわざわざ新潟市内中心部の総合病院まで通わなければならなかった。この状況を改め、地元で医療を自給しようという機運が高まり、住民たちが出資し合うことで1975年、新潟医療生協を立ち上げたわけである。このうごきに共感した医療関係者も新潟大学病院などから合流し、こうして木戸病院が動き出した。

　その後は診療所や介護・福祉施設も設け、また予防医学の観点から保健のための班活動も行われてきている。組合員数はすでに3万人を超え、追加の出資金も募ったうえで2011年6月には設備が充実した新病院に移転し、現在に至っている。地域の人間関係という社会資本を基礎とした医療・介護・福祉の、ま

はこのほかにも、高齢者福祉介護を中心に多様な事業を展開する「ささえあいコミュニティ生活協同組合新潟」もある（http://homepage3.nifty.com/sasaeai/）。関連して新潟県内の他の医療生協（新潟市白根地区；長岡市）については増田2009も参照。

さに鮮やかな自給例といえるだろう。多少の負担はし合っても地域社会の環境を改善しようという自覚性、また協力型の共生という性格も明確である。

(3) 内需主導型成長と「共生経済」の整合性

以上のように、「共生経済」としての「FEC自給圏」は、実は案外身近な存在になっている。その拠点なり「島」なりが、さらに広がって「面」とでもいうべき存在感を獲得していくには、一体どうすればよいのだろうか。次にこの点について考えてみよう。

ここで初めに思い起こしてほしいのは、前節でふれた「セイ法則」、つまり「供給はそれ自体で需要を生み出す」という供給側偏重の考え方である。現実には需要は不足しがちなのだが、このことは基本的には「FEC自給圏」にも当てはまると考えてよい（ただし準備・試験段階で供給余力があまりないような場合は除く）。これは次のようにいいかえることもできる。

供給側、つまり「自覚的生産者」がどれほど努力しても、それだけで「共生経済」が成り立つわけではない。やはり適切な量の需要が必要である。ところが「共生経済」の（すべてではないが少なくとも）ある部分では、一般の財に比べて高めの価格で取引が行われている[27]。仮にそうであっても、その財が良

27）（補助金で支えられなければ）いまなお割高な再生可能エネルギーや、有機農産物（また安全に配慮した農牧産品や魚介類）などが、代表的な事例だろう。一方、医療報酬や介護報酬が基本的に公定されているCの保険適用領域は、ここには必ずしも該当しない。

質であるか,または社会的意義があるものなら,それにかかる費用と適正な利益を踏まえた価格を受け入れ,こちらの方を選択する——このような「自覚的消費者」が存在して初めて,「共生経済」としての「FEC自給圏」が全体として存続できる[28]。ということは,それが「島」から「面」へと成長するには,消費者の行動に変化が生じて,「自覚的消費」への選好が強まることが必要だということがわかる。

このことを可能にするひとつの方法は,教育や宣伝などの啓蒙活動によって選好それ自体を変化させることである。これによってより多くの消費者の選択行動が変われば,「自覚的生産

---

[28] 先にふれた生活クラブ生協の当事者は次のように述べている。「市場価格は何によって決められるのかというと,それはまさに市場の需給関係でしかないわけです。生産者の生活のコストは織り込まれない,関係ないものとされています。それに対して,生活クラブは生産者のコストで価格を考えています。だから高くなるわけです。食品の生産は人間の労働力,人力が基本です。生産者の生活が維持できなければ,生産が続きません」(岩根 2012:103)。「ある意味ではエリートと言われるかもしれない。そんな贅沢なことを言っていられて,あんたたちはいい気なもんだ,という問題です。数年前の日生協[日本生活協同組合連合会。生活クラブとは別組織]の毒入り餃子事件のときにあったことですが,〈安かろう,悪かろう〉という問題を生活クラブはどう受け止めるのかということにつながってきます。私たちの取り扱う食材の〈良質だから高い〉ということとどう関連させたらいいのか。/このことは,生活クラブには最初からついて回っていることなのです。生活クラブ生協は金持ちの生協だと言われ,集まっているのは有閑マダムばかりだとか散々言われてきました。だからといって,単純に〈良質だから高い〉食材(消費材)を買える人々という性格を捨てて,現状のような流通大手の低価格化の動向に身の丈を合わせていくのかと言えば,そうはいかない。/やはり,食品が消費者にとって安ければそれだけでいいのか,農漁産物の生産者の暮らしはそれで維持できるのか,食品の安全は確保されているのかという警鐘を鳴らす者もいなくてはならない」(岩根 2012:96-97,[ ]は引用者)。

者」が供給する財への需要は増加していくだろう。その結果として規模の経済が作用すれば，平均総費用が低下し，適切な収益を得ながら経営を安定して続けられるようになる。教育，行政の広報，マスメディアのキャンペーンなどの積み重ねによって，たとえば資源の節約や環境の保全への意識は以前よりはるかに高まり，現実に市民の行動も変わってきている。その意味では，こうしたやり方も長期的にはたしかに効果があるだろうと期待される。

ただし現状では，このような方法だけでは限界があるのも事実である。前にも指摘したように，度重なる「開国」政策（自由貿易）と輸出主導型の経済成長の下で労働分配率は低下してきており，平均賃金は名目でも実質でも低下傾向が続いている。一方，「FEC自給圏」の「自覚的生産者」が供給している財のうち少なくともある部分には，これまでの説明からも推察されるように，所得が高くなるほど需要が増える上級財の性格があるように見受けられる。これに対して，所得が減るほど需要が増えるものを下級財というが，百円ショップの賑わいにもみてとれるように，その需要は「新自由主義サイクル」の過程で大きく増えてきた。このような状況では，啓蒙活動だけで消費者が高度な「自覚」をもつのは難しくなっている。

これと関連する示唆的な事態が，実はかつて南米ペルーで起きたことがある。1970年代末から1980年代にかけて，経済政策が開発主義から新自由主義（当時はまだ端緒的なもの）へ，また新自由主義からポピュリズムへと揺れ動くなか，経済が混乱して大衆の貧困化が進み，同時に小零細企業が急激に増えた。

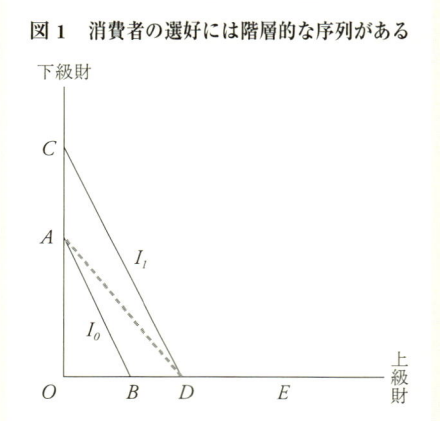

図1　消費者の選好には階層的な序列がある

【注】線分 AB と線分 CD は，下級財と上級財の価格が与えられたとき，所得 I_0 と所得 I_1 で購入できる両財の量の組み合わせを示す。
【出所】Cermeño 1987：81, Gráfico1. ただし表記を一部改めた。

この現象を（政府の保護を受けることがまったくない先住民系の）小零細企業の競争活力に求める研究者もいたが，当時，この種の企業の多くは「安かろう，悪かろう」の財を供給する力しかなかった。そこでまた別の研究者は，こうした小零細企業の急増の原因をむしろ下級財の需要の増加に求め，この視点を供給側の分析と統合して，興味深いミクロ経済モデルをつくりあげたのである（Cermeño 1987／佐野 2009：131-133）。そのうち，ここでの議論に必要な需要側の分析の要点だけを抜粋すると，**図1**や**表2**のようになる。

ここで使われているのは，「辞書編纂型の選好理論」と呼ば

れる，ポスト・ケインジアンの消費者選択理論である。一見難しく思えるかも知れないが，根本の発想は簡単である。ある言葉の意味を辞書で引いてみると，初めに書いてあるのは最も基本的で重要な定義であり，以下，より副次的または派生的な語義がその重要性に応じて記されているのがわかる。消費者が財を購入するときの選好のありかたも，実はこれと似ているというわけである[29]。

　すなわち，まず所得水準が低く予算制約が厳しいときには，生きていくうえで最も基本的な欲求を重視し，それを満たす財，つまり下級財だけを選択する。これは**図1**では縦軸上の線分 OA で示される。次に所得が増えると，生存維持とは直接関係しない欲求が生まれ，今度はこれを充足するものも買い入れるようになる。線分 AD がそのスケジュールを表している。さらに所得が増えると社会的・文化的・精神的な欲求がいっそう強まり，それに見合った財，つまり上級財だけを購入していく（生存維持に必要なものについても，より高い質や社会的な意義などを求めるようになる）。この状態は横軸上の線分 DE によって表現される。

　以上は価格を一定としたときの説明であるが，現実には所得だけでなく価格も変化する。また所得水準の違いによる選好の変化は，個々の消費者だけでなく，異なる所得階層にもみられる現象である。このようなことを考慮してまとめ直せば，**表2**のようになる（ただし問題を明確にするため，この表では，貧

29）　この理論についてはラヴォア 2008：35-48および Figueroa 1996：Capítulo VI を参照。以下の説明は単純化したものである。

表 2　消費者の選好は所得階層によって異なる

所得階層	下級財の需要	上級財の需要
貧困層	−下級財価格；＋所得	×
中間層	−下級財価格；＋上級財価格；−所得	＋下級財価格；−上級財価格；＋所得
富裕層	×	−上級財価格；＋所得

【注】下級財価格，上級財価格および各階層の所得が，2つの財の需要とどのように相関しているかを示す。−は負の相関関係，＋は正の相関関係である。×は需要が存在しないことを意味する。
【出所】Cermeño 1987：82, Cuadro 2. ただし原典の表記をわかりやすく改めている。

困層は上級財を購入せず，富裕層は下級財を買わないものと想定している)。このうち，これまでの議論の流れから注目しなければならないのは，所得の変化が各階層の財の需要にどのような影響を与えるかという点である。あとは「FEC自給圏」の成長可能性の問題にひきつけて考えてみよう。

表2では，貧困層の所得が増えても下級財の需要が増えるだけで，上級財の需要には影響がない。いまはどのようにすれば上級財(の一種としての，「自覚的生産者」が供給する財)の需要を増やせるかが問題なのだから，これでは意味がない。ところが，所得水準が上がって中間層になると，所得が増えたとき下級財の需要は減り，上級財の需要が増えることになる。一方，富裕層は下級財をまったく買わず，所得が増えると上級財の需要を増やす。もっとも日本の現状におきかえて考えれば，富裕層の所得をこれ以上引き上げるべき正当な理由はないため，このことはいま無視してよいだろう。

そうだとすれば，上級財の需要を増やすには，中間層の所得

を増やすと同時に，貧困層の所得を中間層のそれの下限以上に引き上げる（つまり貧困層を中間層並みにもっていく）ことが必要になる。すなわち所得再分配である。これによって潜在的な「自覚的消費者」が現実の「自覚的消費者」に転化しやすくなることから「自覚的需要」が増え，それに応じて，一種の上級財としての「自覚的供給」が増加する——このように期待されるわけである。以上のようなうごきに一度弾みがつけば，ここでも改めて規模の経済が作用していき，平均総費用が下がって，「自覚的生産者」の経営基盤も改善されることになるだろう。そうなれば「FEC自給圏」の拠点は「島」から「面」へと発展していくはずである。

　もはや理解されただろうが，第1節で問題にした内需主導型の経済構造を目指すマクロの転換（そこでは諸利害の「停戦協定」型の共生が予定される）と，本節でとりあげたミクロの「共生経済」とは，以上のような形で論理的に整合している。また，このような形で「共生経済」や「FEC自給圏」の領域が広がっていくなら，今度は逆に内需それ自体の質も高度化し，経済成長に伴いがちな浪費や環境への負荷もその分だけ抑制されていくだろう。これらは全体として「共生経済社会」とでもいえる関係である。筆者としては，これこそが日本の，また世界の，将来あるべき姿だと考える。

おわりに

　本章ではマクロとミクロの複眼的な視点から，「共生経済社会」への転換の構想を提起した。ここで最後に，よくありがち

な誤解について一言論評しておこう。その誤解とは「協力型の「共生経済」は連帯・協同や生活の質の向上などの価値を重んじるあまり、なれ合いや不経済に陥りがちで展望はない」といった類の、いまだに根強い固定観念である。

たしかに、そうしたリスクはないわけではない。現状では経済全体に占める「共生経済」の存在感もまだまだ薄い。しかし必ず失敗を運命づけられているとまで考えるのなら、それは国内外の現実をみない（知らない）暴論である[30]。

問題は先を行く者の試行錯誤をあげつらうことではない。そうではなく、本章で提案したようなマクロ＝ミクロの整合的な構造転換を進めるなかで、高い理念を掲げながらそれをいかに実現していくか、そのためにどう知恵を出し合うかにある。この点に関連して、次に引用する一当事者の言葉は、おそらく意外でかつ新鮮に響くのではないだろうか。日本における「共生経済」の現存形態のひとつ、生活クラブ生協の前身を、ほとんど半世紀前の1965年に立ち上げた岩根邦雄のものである。

　　私がその言葉を耳にする度にカチンとくるのに「生活クラブは競争ではなく協同を」という言葉があります。ある意味でカチンときます。競争という言葉が悪いとしたらもう少し

30）　念のために断っておくが、筆者は「共生経済」に類した活動の現状を無批判に肯定している訳ではないし、ましてやそれを理想化して礼賛するつもりもない。一部の協同組合では、戦前の産業組合の時代にもみられた地域の実力者の支配が形を変えて存続しており、理念においても行動においても「共生経済」の実態を欠いている事例が散見される。そうした偽装「共生経済」の批判は、いうまでもなく必要である。

別な言葉を考えればいいと思いますが、ともかく独創性（独創的なアイディア）を大事にすることをやらないと絶対に駄目なのです。平準化は駄目です。［中略］創意工夫というのは古色蒼然とした言葉だけれど、やはり常に創意工夫が必要です。［中略］そういう創意工夫の力を持った人たちは大いに競い合えばいい。この社会システムのなかではその競い合いが悪い意味での競争になってしまいがちですが、競い合うということはそれ自体悪いことではないと考えています。初めから協同だ協同だといって角を矯めるのではなくて、創意工夫の人たちはどんどん独創性を発揮して競い合ってほしいと思います。独創性は、ある意味で無茶苦茶ということですが、生活クラブにはいまこそ、独創的な自己革新、イノベーションが求められているのではないでしょうか（岩根 2012：82-84，［中略］は引用者）。

長年の経験に裏打ちされた、深い洞察である。問題は単なる共生ではなく、共生にもとづいたイノベーション、つまり共生進化にこそある、ということだろう。それを内包した全体としての「共生経済社会」をどう構想し、いかに実現していくか。「99％」の1人ひとりが今後さらに掘り下げて考察し、取り組んでいくべき課題である。

いま一度，読者へ——「恐竜」とは誰なのか？

　平和学などで使われる概念に「構造的暴力」（ヨハン・ガルトゥング）というものがある。原因主体を特定できる直接的な暴力ではなく，私たちの取り結んでいる一連の社会関係が，意図せざる形で他者に不利益を強いている事態をいう。たとえば南北問題の構造が，その典型的な一例だとされる。

　言わんとすることは，もちろんわかる。そうした間接的な，予期せざる「暴力」は，たしかに存在する。それを解消してこそ「積極的平和」が実現するのであり，個別の直接的暴力をなくす「消極的平和」だけでは不十分である…。それはその通りだと了解しながらも，筆者にはやや鼻白む感じが残ってしまう。なぜか。現代史を改めて直視すれば，「構造的」どころか文字通り意図的で直接的な暴力こそが一国の（また世界の）政治経済進化を左右してきた事例に，数限りなく行き当たらざるを得ないからである。

　本書の冒頭に掲げた引用文も，実はまさにこのこととかかわりがある。ひとつはラテン・アメリカのロック界を長年率いてきたアルゼンチンの人，チャーリー・ガルスィアの『恐竜』（Los dinosaurios）から採ったものである。ピアノの強く美しい旋律で始まるこの名曲は，1983年のアルバム『クリックス・モデルノス』に収められている。1976年に始まる軍政がようやく終わろうとしていた頃，音楽家への締めつけが緩み始めたことを見計らって，幾多の「行方不明者」（正確な数は今もわからないが，3万人とも推定されている）

を出した軍部にチャーリーは痛烈な批判を加えた。暴力で相手をねじ伏せようとする野蛮を原始の恐竜に譬え，鋭く揶揄したのである。

　隣のチリと同じく「新自由主義サイクル」の世界的な母国となったアルゼンチンは，かつての拙著（佐野 1998）やネイオミ・クライン著『ショック・ドクトリン』（Klein 2007；邦訳は岩波書店 2011年刊）が描いたように，最初はあからさまな実力行使に訴えながらネオリベラル革命を進めようとした。しかしその試みは他ならぬ「サイクル」の崩壊で頓挫し，またイギリスとの領土紛争を利用した経済失政の隠蔽工作（東アジア諸国の人間はそこに既視感を覚えなければならない）も失敗して，軍政は退場をよぎなくされた。チャーリーが「恐竜」の絶滅を予告したのは，それを見越してのことだった。

　その後のアルゼンチンでは軍政は一度もない。まだ「委任型民主主義」にとどまっているのかも知れないが，形のうえでは民主体制が一応は続いてきた。とはいえ，軍やさらに警察の小規模な反乱事件が，これまで何度か繰り返されている。また，かつての軍政にいたる過程においてもそうだったのだが，市民の間でも耳目を疑うような暴力行為がいまも後を絶たない。

　それはたとえば，鉄道労働組合が少数派の左派活動家を射殺したというような蛮行である。また，現在の左派政権を動揺させるため，右派の労働組合・協同組合関係者などが各地のスーパー・マーケットで一斉に商品を強奪するといった茶番劇も昨年末に起こっている。さらに，売買春を目的とした組織的な誘拐・拉致や人身売買が横行していたりもする。しかも，どうやら一部の地域では，問題の商品強奪犯と当該自治体首長が親しい関係にあり，また人身売買組織と警察・裁判所も相通じているらしい…多くの国民にそう疑わせる事態が，いまも現在進行形でメディアを賑わせている。

これは，本書冒頭のもうひとつの引用文が語るように，「恐竜」がいまなお健在だということを示唆している。そう綴ったのは，清楚な雰囲気を漂わせる人気俳優ビルヒニア・イノチェンティだが，繰り返される暴挙（特に「マリータ・ベロン失踪事件」に絡む地方権力の腐敗ぶり）を目の当たりにして，愛すべきチャルリーの「絶滅」予告は甘かったと，彼女は言わずにいられなくなったのだろう。

ところで「恐竜」の生息地は地球の裏側に限られていると，読者は考えるだろうか。少なくとも戦後に関する限り現代の日本は軍政やそれに準じた抑圧的政治体制など経験していないし，その他の蛮行も昔ならともかく今はまずありえない，したがって私たちには無関係だと——。たしかにアルゼンチンと同じ形態での野蛮は今日あまりみかけないかも知れない。しかし異なる姿をとってはいるが，ここ日本でも「恐竜」は確実に闊歩しているし，その結果として多数の「行方不明者」も出ている，と筆者は考える。

「行方不明者」とは誰か？　それは「新自由主義サイクル」の下で追加的に生み出された自殺者，孤独死・孤立死の犠牲者，あるいはその膨大な予備軍にほかならない。「原発サイクル」（姉妹編『99％のための経済学【教養編】』を参照）の受難者たちとともに，この国の野蛮と暴力，すなわち「経済テロリズム」の帰結を，最も先鋭に象徴している存在である。

とすれば「恐竜」とは，共生と真逆の破壊的な利益追求競争を一連のショックに乗じて「国民的合意」の偽装の下に推進し，日本型の「新自由主義サイクル」を繰り返し引き起こしてきたあの利益複合体だ，ということになる。この「恐竜」は，自らが生み出した政治経済循環の否定的な結果を省みることなく，（非現実的な仮定に依拠しながら）むやみな競争を正当化する言説を鼓吹し，ついには今日の惨状を招いてきた。自戒を込めていえば，その過程では多く

の市民も一種の「構造的暴力」に加担してきた可能性がある．しかし「恐竜」こそは，負の循環を権力の高みから直接に主導し，夥しい「行方不明者」を生み出してなお，素知らぬ顔をして済ませてきた原因主体なのである．

　この循環軌道にしがみついている限り，「99％」に展望はない．そこから離脱し，思い切った方向転換を試みなければならない．本書と姉妹編で提起した「共生経済社会」が，その一案である．この構想を読者とともに鍛え上げ，さらに発展させていきたいと願っている．

2013年1月
著者

参考文献

※本書各章の初出文献を含む。

赤羽隆夫 1997:『日本経済探偵術』東洋経済新報社
アマーブル,ブルーノ 2005(山田鋭夫,原田裕治訳):『五つの資本主義——グローバリズム時代における社会経済システムの多様性』藤原書店
李　点順 2010:「現代韓国経済に関する制度論的研究——蓄積体制と雇用関係を中心として」新潟大学大学院現代社会文化研究科後期課程学位論文,2010年3月
五十嵐仁 2008:『労働再規制——反転の構図を読みとく』ちくま新書
池田　毅 2008:「再考:90年代日本の利潤圧縮」『立教経済学研究』第62巻第2号
石川拓治(NHK「プロフェッショナル仕事の流儀」制作班監修) 2008:『奇跡のリンゴ——「絶対の不可能」を覆した農家・木村秋則の記録』幻冬舎
石水喜夫 2012:『現代日本の労働経済——分析・理論・政策』岩波書店
磯谷明徳,植村博恭,海老塚　明 1999:「第2章　戦後日本経済の制度分析」山田鋭夫,ロベール・ボワイエ編『戦後日本資本主義』藤原書店,所収
伊東光晴 1988:「荒海に船出する日本経済」『世界』1988年1月号
伊東光晴 1993:『ケインズ』講談社学術文庫
伊東光晴 1999:『「経済政策」はこれでよいか』岩波書店
伊東光晴 2000:『日本経済の変容——倫理の喪失を超えて』岩波書店
伊東光晴 2006a:『現代に生きるケインズ』岩波新書
伊東光晴 2006b:『日本経済を問う——誤った理論は誤った政策を導く』岩波書店
井上　肇 2012:「あらゆるアクターとの連携はなぜ可能だったのか——生活クラブやまがた生活協同組合の震災支援」三好亜矢子,生江　明編『3.11以後を生きるヒント——普段着の市民による「支縁の思考」』新評論,所収
岩根邦雄 2012:『生活クラブという生き方——社会運動を事業にする思想』太田出版
岩本武和 1999:『ケインズと世界経済』岩波書店
植木公啓 2012:「第2部　新潟市の農業のこれからを考える——自然栽培米と有機卵の生産・流通・消費ネットワークを手がかりとして」佐野　誠編著『新潟市の地域経済の課題に関する研究』最終報告書,平成23年度

(2011年度)新潟市議会政務調査費受託研究,2011年3月22日,所収
宇沢弘文 2000:『社会的共通資本』岩波新書
宇仁宏幸 2007:「第6章 90年代日本と米国の構造変化と資本蓄積」山田鋭夫,宇仁宏幸,鍋島直樹編『現代資本主義への新視角』昭和堂,所収
宇仁宏幸 2009:『制度と調整の経済学』ナカニシヤ出版
宇仁宏幸,山田鋭夫,磯谷明徳,植村博恭 2011:『金融危機のレギュラシオン理論――日本経済の課題』昭和堂
内橋克人 1995:『共生の大地』岩波新書
内橋克人 2005:『「共生経済」が始まる――競争原理を越えて』日本放送出版協会
内橋克人 2006:『悪夢のサイクル――ネオリベラリズム循環』文藝春秋社
内橋克人,佐野 誠 2008:「連帯・共生の経済を――日本型貧困を世界的視野で読み解く」『世界』2008年1月号
エスピン‐アンデルセン,ゲスタ,マリーノ・レジーニ編 2004(伍賀一道ほか訳):『労働市場の規制緩和を検証する――欧州8カ国の現状と課題』青木書店
NHKスペシャル「ワーキングプア」取材班 2007:『ワーキングプア』ポプラ社
大内秀明 2012:『ウィリアム・モリスのマルクス主義――アーツ&クラフツ運動を支えた思想』平凡社新書
大沢真理編著 2011:『社会的経済が拓く未来――危機の時代に「包摂する社会」を求めて』ミネルヴァ書房
大嶽秀夫 1994:『自由主義的改革の時代――1980年代前期の日本政治』中央公論社
大嶽秀夫 1995:『政治分析の手法――自由化の政治学』放送大学教育振興会
大竹文雄 2005:『日本の不平等――格差社会の幻想と未来』日本経済新聞社
大和田順子 2011:『アグリ・コミュニティビジネス――農山村力×交流力でつむぐ幸せな社会』学芸出版社
金子 勝 2010:『新・反グローバリズム――金融資本主義を超えて』岩波現代文庫
木村秋則(責任編集)2010:『木村秋則と自然栽培の世界――無肥料・無農薬でここまでできる』日本経済新聞出版社
クー,リチャード,村山昇作 2009:『世界同時バランスシート不況』徳間書店
熊沢 誠 2007:『格差社会ニッポンで働くということ』岩波書店
クラウチ,コーリン,ウォルフガング・ストリーク 2001(山田鋭夫訳):

『現代の資本主義制度——グローバリズムと多様性』NTT 出版
グリン，アンドルー 2007（横川信治，伊藤　誠訳）：『狂奔する資本主義』ダイヤモンド社
クロポトキン，ピョートル 2009（大杉　栄訳；現代語訳・同時代社編集部）：『新版　相互扶助論』同時代社
ケインズ，ジョン・メイナード 1992（村野　孝訳）：『ケインズ全集第25巻　戦後世界の形成——清算同盟』東洋経済新報社
厚生労働省編 2010：『平成22年版　労働経済の分析——産業社会の変化と雇用・賃金の動向』日経印刷
後藤道夫 2002：『反「構造改革」』青木書店
衣川　恵 2009：『新訂　日本のバブル』日本経済評論社
近藤克則 2010：『「健康格差社会」を生き抜く』朝日新書
佐野　誠 1998：『開発のレギュラシオン——負の奇跡・クリオージョ資本主義』新評論
佐野　誠 2003：「第6章　労働市場と雇用関係」石黒　馨編『ラテンアメリカ経済学』世界思想社，所収
佐野　誠 2008：「第4章　労働市場をどうみるか」吾郷健二，佐野　誠，柴田徳太郎共編著『現代経済学』岩波書店，所収
佐野　誠 2009：『「もうひとつの失われた10年」を超えて——原点としてのラテン・アメリカ』新評論
佐野　誠 2011a：「TPP問題：新自由主義サイクルの最新局面」新潟大学人文社会・教育科学系研究プロジェクト・ニューズレター *Globalization and Region*, No.1
佐野　誠 2011b：「日本経済の新自由主義サイクル——（1）起点：バブル経済とその崩壊」『新潟大学経済論集』第90号
佐野　誠 2011c：「CGEモデルの問題点に関する論点整理——TPP論争との関連において」『新潟大学経済論集』第91号
佐野　誠 2012a：「第1部　共生経済の構想——新自由主義サイクルの罠からどう抜け出すか」佐野　誠編著『新潟市の地域経済の課題に関する研究』最終報告書，平成23年度（2011年度）新潟市議会政務調査費受託研究，2011年3月22日，所収
佐野　誠 2012b：『99％のための経済学【教養編】——誰もが共生できる社会へ』新評論
塩沢由典 1997：『複雑系経済学入門』生産性出版
ジョージ，スーザン 2007（青木　泉訳）：「ケインズの忘れられた貿易機関

構想」ル・モンド・ディプロマティーク日本語・電子版2007年1月号，http://www.diplo.jp/articles07/0701-3.html
新川敏光 1993：『日本型福祉の政治経済学』三一書房
鈴木宣弘, 2008：『現代の食料・農業問題——誤解から打開へ』創森社
関岡英之 2004：『拒否できない日本——アメリカの日本改造が進んでいる』文春新書
ソロス，ジョージ 2008（徳川家広訳）：『ソロスは警告する——超バブル崩壊＝悪夢のシナリオ』講談社
高橋伸夫 2004：『虚妄の成果主義』日経BP社
ダグラス，ポール・H. 2000（辻村江太郎，続 幸子訳）：『賃金の理論』上巻・下巻，日本労働研究機構
武田知弘, 2011：『ワケありな日本経済——消費税が活力を奪う本当の理由』ビジネス社
武田知弘, 2012：『税金は金持ちから取れ——富裕税を導入すれば，消費税はいらない』金曜日
田島英一，山本純一編著 2009：『協働体主義——中間組織が開くオルタナティブ』慶應義塾大学出版会
橘木俊詔 2006：『格差社会——何が問題なのか』岩波新書
橘木俊詔，浦川邦夫 2006：『日本の貧困研究』東京大学出版会
デヴィッドソン，ポール 1997（渡辺良夫，小山庄三訳）：『ポスト・ケインズ派のマクロ経済学』多賀出版
デヴィッドソン，ポール 2011（小山庄三，渡辺良夫訳）：『ケインズ・ソリューション——グローバル経済繁栄への途』日本経済評論社
ドーア，ロナルド 2001：「私の＜所得政策復活論＞」『中央公論』2001年12月号
ドーア，ロナルド 2006：『誰のための会社にするか』岩波新書
遠山弘徳 2010：『資本主義の多様性分析のために——制度とパフォーマンス——』ナカニシヤ出版
戸川玲於奈 2012：「第3部 代替エネルギーの地産地消の成果と課題——JA全農新潟と新潟市によるバイオ燃料普及の取り組み」佐野 誠編著『新潟市の地域経済の課題に関する研究』最終報告書，平成23年度（2011年度）新潟市議会政務調査費受託研究, 2011年3月22日, 所収
ドスタレール，ジル 2008（鍋島直樹，小峯 敦監訳）：『ケインズの闘い——哲学・政治・経済学・芸術』藤原書店
ドッブ，モーリス 1962（氏原正治郎訳）：『賃金の理論』新評論

トーデス，ダニエル・P. 1992（垂水雄二訳）:『ロシアの博物学者たち――ダーウィン進化論と相互扶助論』工作舎
内閣官房 2010:『EPA に関する各種試算』http://www.meti.go.jp/topic/downloadfiles/101027strategy02_00_00.pdf
内閣府 2006:『平成18年度 年次経済財政報告――成長条件が復元し，新たな成長を目指す日本経済』http://www5.cao.go.jp/j-j/wp/wp-je06/06-00000pdf.html
中野麻美 2006:『労働ダンピング』岩波新書
西川 潤 1978:『経済発展の理論』（第2版）日本評論社
西川 潤，生活経済政策研究所編 2007:『連帯経済』明石書店
芳賀健一 1993:「バブル・エコノミーの政治経済学」『季刊・窓』第16号
ハーシュマン，アルバート・O. 2008（矢野修一，宮田剛志，武井 泉訳）:『連帯経済の可能性――ラテンアメリカの草の根の経験』法政大学出版局
服部茂幸 2007:『貨幣と銀行――貨幣理論の再検討』日本経済評論社
日向雄士 2002:「労働分配率の計測方法について――思ったほど上昇していない企業部門の労働分配率」『ニッセイ基礎研究所報』Vol.23
ブレナー，ロバート 2005（石倉雅男，渡辺雅男訳）:『ブームとバブル――世界経済のなかのアメリカ』こぶし書房
ポーリン，ロバート 2008（佐藤良一，芳賀健一訳）:『失墜するアメリカ経済――ネオリベラル政策とその代替策』日本経済評論社
ボルザガ，カルロ，ジャック・ドゥフルニ編 2004（内山哲朗，石塚秀雄，柳沢敏勝訳）:『社会的企業(ソーシャルエンタープライズ)――雇用・福祉のEUサードセクター』日本経済評論社
ボワイエ，ロベール 1992（清水耕一編訳）:『レギュラシオン――成長と危機の経済学』ミネルヴァ書房
マーギュリス，リン 2000（中村桂子訳）:『共生生命体の30億年』草思社
マーギュリス，リン 2004（永井 進訳）:『細胞の共生進化［下］【第2版】』学会出版センター
マーグリン，スティーヴン，ジュリエット・ショアー 1993（磯谷明徳，植村博恭，海老塚 明訳）:『資本主義の黄金時代』東洋経済新報社
増田利恵子 2009:「人間開発と連帯経済――新潟県の医療生活協同組合の事例研究」新潟大学大学院現代社会文化研究科前期課程学位論文，2009年3月
宮崎義一 1966:『戦後日本の経済機構』新評論

宮崎義一 1992:『複合不況――ポスト・バブルの処方箋を求めて』中公新書
安原　毅 2008:「第5章　貨幣・金融市場と中央銀行の役割」吾郷健二，佐野　誠，柴田徳太郎編著『現代経済学』岩波書店，所収
山田鋭夫 1994:『20世紀資本主義』有斐閣
山家悠紀夫 2005:『景気とは何だろうか』岩波新書
山家悠紀夫 2011:『暮らし視点の経済学――経済，財政，生活の再建のために』新日本出版社
吉川　洋 1999:『転換期の日本経済』岩波書店
吉川　洋 2000:『現代マクロ経済学』創文社
吉富　勝 1998:『日本経済の真実――通説を超えて』東洋経済新報社
吉村　仁 2009:『強い者は生き残れない――環境から考える新しい進化論』新潮社
ラヴィル，ジャン＝ルイ編 2012（北島健一，鈴木　岳，中野佳裕訳）:『連帯経済――その国際的射程』生活書院
ラヴォア，マルク 2008（宇仁宏幸，大野　隆訳）:『ポストケインズ派経済学入門』ナカニシヤ出版
ラトゥーシュ，セルジュ 2010（中野佳裕訳）:『経済成長なき社会発展は可能か――〈脱成長〉と〈ポスト開発〉の経済学』作品社
リピエッツ，アラン 2011（井上泰夫訳）:『サードセクター――「新しい公共」と「新しい経済」』藤原書店
レインボープラン推進協議会（大野和興編）2001:『台所と農業をつなぐ』創森社
労働政策研究・研修機構 2011:『ユースフル労働統計――労働統計加工指標集　2011』独立行政法人　労働政策研究・研修機構, http://www.jil.go.jp/kokunai/statistics/kako/2011/index2011.html#order_info

【外国語文献】

Ackerman, Frank, and Kevin P. Gallagher 2008: "The Shrinking Gains from Global Trade Liberalization in Computable Equilibrium Models. A Critical Assessment", *International Journal of Political Economy*, Volume 37, Number 1

Alcorta, Juan Alfredo 2009: *Neoliberal Cycles and Solidarity Economies in Argentina and Japan. A Comparative Study*, Ph.D. dissertation, Graduate School of Modern Society and Culture, Niigata University

Anisi, David 1987: *Tiempo y Técnica*, Madrid: Alianza Editorial

Anisi, David 1994: *Modelos Económicos*, Madrid: Alianza Editorial

Anisi, David 2010: *Economía Contracorriente. Antología de David Anisi*, Madrid: Catarata

Bagnai, Alberto 2012: "Unhappy Families are All Alike: Minskyan Cycles, Kaldorian Growth, and the Eurozone Peripheral Crises", http://www.itf.org.ar/pdf/documentos/87_2012.pdf

Blanchard, Olivier, y Daniel Pérez Enrri 2000: *Macroeconomía. Teoría y Política Económica con Aplicaciones a América Latina*, Buenos Aires:Prentice Hall, Pearson Educación

Bowles, Samuel, Richard Edwards and Frank Roosevelt 2005: *Understanding Capitalism*, Third Edition, New York: Oxford University Press

Canitrot, Adolfo 1980:*Teoría y Práctica del Liberalismo*, Buenos Aires: CEDES

Cermeño Bazan, Rodolfo 1987: "Caída del Ingreso Real, Recesión del Sector Moderno y Expansión del Sector Informal: Un Enfoque Microeconómico", *Economía*, PUCP, 10(20)

Damill, Mario, Roberto Frenkel y Roxana Mauricio 2003: *Políticas Macroeconómicas y Vurnerabilidad Social. La Argentina en los Años Noventa*, Santiago de Chile: CEPAL

Damill, Mario, Roberto Frenkel and Martín Rapetti 2012: *Policy Brief. Fiscal Austerity in a Financial Trap: The Agonic Years of the Convertibility Regime in Argentina*, Iniciativa para la Transparencia Financiera, http://www.itf.org.ar/lecturas.php

Figueroa, Adolfo 1996: *Teorías Económicas del Capitalismo*, Segunda edición, revisada, Lima: Pontificia Universidad Católica del Perú, Fondo editorial

Fontana, Guiseppe, and Mark Setterfield 2009: "A Simple (and Teachable) Macroeconomic Model with Endogenous Money", in Guiseppe Fontana and Mark Setterfield(eds.), *Macroeconomic Theory and Macroeconomic Pedagogy*, New York: Palgrave Macmillan

Graham, Frank D. 1923: "Some Aspects of Protection Further Considered", *The Quarterly Journal of Economics*, February 1923

Harvey, David 2005: *A Brief History of Neoliberalism*, New York: Oxford University Press

Kalecki, Michał 1990: "Political Aspects of Full Employment(1943)", in Jerzy Osiatyński(ed.), *Collected Works of Michał Kalecki. Volume I. Capitalism: Business Cycles and Full Employment*, Oxford: Clarendon Press

Kalecki, Michał 1990: "Three Ways to Full Employment(1944)", in Jerzy Osiatyński (ed.), *Collected Works of Michał Kalecki. Volume I. Capitalism. Business Cycles and*

Full Employment, Oxford: Clarendon Press

Kelsey, Jane 2006: "Submission on the Transpacific Strategic Economic Partnership Agreement 2005", http://www.converge.org.nz/watchdog/11/09.htm

Kelsey, Jane 2010: "Introduction", in Jane Kelsey (ed.), *No Ordinary Deal. Unmasking the Trans-Pacific Partnership Free Trade Agreement*, Wellington: Bridget Williams Books

Klein, Naomi 2007: *The Shock Doctrine. The Rise of Disaster Capitalism*, New York: Metropolitan Books

Lavoie, Marc 2006: *Introduction to Post-Keynesian Economics*, New York: Palgrave Macmillan

Lavoie, Marc, and Engelbert Stockhammer 2011: "Wage-Led Growth: Concept, Theories and Policies", Paper presented at the Regulating for Decent Work (RDW) Conference, held at the ILO, July 6-8, 2011

Majul, Luis 1990: *¿Por Qué Cayó Alfonsín? El Nuevo Terrorismo Económico*, Buenos Aires: Editorial Sudamericana

Meller, Patricio 1996: *Un Siglo de Economía Política Chilena (1890-1990)*, Santiago de Chile: Editorial Andrés Bello

O'Donnell, Guillermo 1977: "Estado y Alianzas en la Argentina 1955-1976", *Desarrollo Económico*, Volumen 16, Número 64

O'Donnell, Guillermo 1997: *Contrapuntos. Ensayos Escogidos sobre Autoritarismo y Democratización*, Buenos Aires: Paidós

Onaran, Özlem, with Giorgos Galanis 2011: "Is demand wage-led or profit-led? A global mapping", http://rdw.law.unimelb.edu.au/index.cfm?objectid=F7C1F41A-5056-B405-5162DD63F876A0CE&flushcache=1&showdraft=1

Peralta Ramos, Mónica 1978: *Acumulación del Capital y Crisis Política en Argentina (1930-1974)*, México, D. F.: Siglo Veintiuno

Pizzaro, Rodrigo 2006: "The Free Trade Agreement between the US and Chile: An Instrument of US Commercial Interests", *The IDEAs Working Paper Series*, No. 02/2006, http://www.networkideas.org/working/oct2006/02_2006.pdf

Reinert, Erik S. 2007: *How Rich Countries Got Rich...and Why Poor Countries Stay Poor*, London: Constable

Sano, Makoto y Luis A. Di Martino 2003: "Tres Casos de "Japonización" de la Relación de Empleo en Argentina", *Revista de la CEPAL*, Número 80

Sherman, Howard J., and David X. Kolk 1996: *Business Cycles and Forecasting*, New York: HarperCollins

Stanford, James 1993: "Continental Economic Integration: Modeling the Impact on Labor", *the ANNALS*, the American Academy of Political and Social Science, Number 526

Stockhammer, Engelbert 2010: "Neoliberalism, Income Distribution and the Causes of the Crisis", Research on Money and Finance Discussion Paper No. 19, Version 0.6: 17 June 2010, http://www.researchonmoneyandfinance.org/media/papers/RMF-19-Stockhammer.pdf

Superintendent of Documents, US Government Printing Office 2009: *TRADE ACT 2009 Final H.R.3012*, http://citizen.org/documents/TRADEAct2009_Final_House.pdf

Taylor, Lance (ed.) 1990: *Socially Relevant Policy Analysis. Structuralist Computable General Equilibrium Models for the Developing World*, Cambridge, Mass. : MIT Press

Taylor, Lance 1998: "Capital Market Crises, Fixed Exchange Rates, and Market-Driven Destabilisation", *Cambridge Journal of Economics*, No. 22

Taylor, Lance 2010: *Maynard's Revenge. The Collapse of Free Market Macroeconomics*, Cambridge, Mass.: Harvard University Press

Taylor, Lance, and Rudiger von Arnim 2006: *Modelling the Impact of Trade Liberalization. A Critique of Computable General Equilibrium Models*, Oxfam International, http://www.oxfam.org.uk/resources/policy/ trade/research_trade_liberalisation.html

Taylor, Lance, and Rudiger von Arnim 2007: "Projected Benefits of the Doha Round Hinge on Misleading Trade Models", *Policy Note*, Schwartz Center for Economic Policy Analysis, The New School University, http://www.networkideas.org/doc/aug2007/SCEPA_Policy_Notes.pdf

Uemura, Hiroyasu 2000: "8 Growth, Distribution and Structural Change in the Post-War Japanese Economy", in Robert Boyer and Toshio Yamada (eds.), *Japanese Capitalism in Crisis. A Regulationist Interpretation*, London and New York: Routledge

Vernengo, Matías, and Esteban Pérez-Caldentey 2012: "The Euro Imbalances and Financial Deregulation: A Post Keynesian Interpretation of the European Debt Crisis", *Real-World Economics Review*, Issue No.59

Wallach, Lori, and Todd Tucker 2010: "3. US Politics and the TPPA", in Jane Kelsey(ed.), *No Ordinary Deal. Unmasking the Trans-Pacific Partnership Free Trade Agreement*, Wellington: Bridget Williams Books

著者紹介

佐野　誠（さの・まこと）

経済学者。博士（経済学）。1960年生まれ。1982年，早稲田大学政治経済学部卒業。東北大学大学院，筑波大学大学院，東北大学助手，外務省専門調査員（在アルゼンチン日本大使館）などを経て1998年より新潟大学教授（経済学部および大学院現代社会文化研究科）。2001年，アルゼンチン国立ラ・プラタ大学国際関係研究所招聘教授として集中講義。2013年11月6日歿。

主要著作：本書姉妹版『99％のための経済学【教養編】』（新評論　2012年），『「もうひとつの失われた10年」を超えて』（新評論　2009年），『開発のレギュラシオン』（新評論　1998年），『現代資本主義と中進国問題の発生』（批評社　1986年），『ラテン・アメリカは警告する』（共編著　新評論　2005年），『現代経済学』（共編著　岩波書店　2008年），『市場経済の神話とその変革』（共著　法政大学出版局　2003年），*Beyond Market-Driven Development*（共著　Routledge　2005），"Tres Casos de 'Japonización' de la Relación de Empleo en Argentina", *Revista de la CEPAL*, Número 80（共著　2003），*Cuba's Survival*（共著　Institute of Developing Economies　1997）など。

99％のための経済学【理論編】
「新自由主義サイクル」，TPP，所得再分配，「共生経済社会」　　（検印廃止）

2013年3月15日　初版第1刷発行
2013年12月11日　初版第2刷発行

　　　　　著　者　　佐　野　　　誠
　　　　　発行者　　武　市　一　幸
　　　　　発行所　　株式会社　新　評　論

〒169-0051　東京都新宿区西早稲田3-16-28
http://www.shinhyoron.co.jp
T E L 03（3202）7391
F A X 03（3202）5832
振　替 00160-1-113487

定価はカバーに表示してあります
落丁・乱丁本はお取り替えします

装　幀　山田英春
印　刷　フォレスト
製　本　河上製本所

©Makoto SANO 2013
ISBN978-4-7948-0929-2
Printed in Japan

JCOPY ＜(社)出版者著作権管理機構　委託出版物＞
本書の無断複写は著作権法上での例外を除き禁じられています。複写される場合は、そのつど事前に、(社)出版者著作権管理機構（電話 03-3513-6969、FAX 03-3513-6979、e-mail: info@jcopy.or.jp）の許諾を得てください。

新評論の話題の書

著者	書名	判型/頁数	価格	ISBN	内容
佐野誠	**99%のための経済学【教養編】**	四六 216頁	1890円	ISBN978-4-7948-0920-9 〔12〕	【誰もが共生できる社会へ】「新自由主義サイクル」+「原発サイクル」+「おまかせ民主主義」=共生の破壊…悪しき方程式を突き崩す、「市民革命」への多元的な回路を鮮やかに展呈。
佐野誠	**「もうひとつの失われた10年」を超えて**	A5 304頁	3255円	ISBN978-4-7948-0791-5 〔09〕	【原点としてのラテン・アメリカ】新自由主義サイクルの罠に陥り、高度「低開発」社会への道を迷走する日本。問題のグローバルな起源を解明し、危機打開の羅針盤を開示する。
佐野誠	**開発のレギュラシオン**	A5 364頁	3780円	ISBN4-7948-0403-2 〔98〕	【負の奇跡・クリオージョ資本主義】南米アルゼンチンの分析を通し、従来の開発論に一石を投じた野心作。「政治経済進化」の多様性を解明する現代経済学の先端課題に挑戦!
内橋克人／佐野誠編 「失われた10年」を超えて——ラテン・アメリカの教訓①	**ラテン・アメリカは警告する**	四六 356頁	2730円	ISBN4-7948-0643-4 〔05〕	「『構造改革』日本の未来」「新自由主義(ネオリベラリズム)の仕組を見破れる政治知性が求められている」(内橋)。日本の知性 内橋克人と第一線の中南米研究者による待望の共同作業。
田中祐二／小池洋一編 「失われた10年」を超えて——ラテン・アメリカの教訓②	**地域経済はよみがえるか**	四六 432頁	3465円	ISBN978-4-7948-0853-0 〔10〕	【ラテン・アメリカの産業クラスターに学ぶ】市場化万能主義にノンを突きつけた中南米の地域経済再生、新たな産業創造の営みから、日本の地域社会が歩むべき道を逆照射。
篠田武司／宇佐見耕一編 「失われた10年」を超えて——ラテン・アメリカの教訓③	**安心社会を創る**	四六 320頁	2730円	ISBN978-4-7948-0775-5 〔09〕	【ラテン・アメリカ市民社会の挑戦に学ぶ】「安心社会を創るための最適な教科書」(内橋克人氏)。「不安社会」からいかに突破するか。中南米各地の多様な実践例を詳細に分析。
生江明・三好亜矢子編	**3.11以後を生きるヒント**	四六 312頁	2625円	ISBN978-4-7948-0910-0 〔12〕	【普段着の市民による「支援の思考」】3.11被災地支援を通じて見えてくる私たちの社会の未来像、「お互いが生かされる社会・地域」の多様な姿を十数名の執筆者が各現場から報告。
藤岡美恵子・中野憲志編	**福島と生きる**	四六 276頁	2625円	ISBN 978-4-7948-0913-1 〔12〕	【国際NGOと市民運動の新たな挑戦】被害者を加害者にしないこと。被災者に自分の考える「正解」を押し付けないこと——真の支援とは…。私たちは〈福島〉に試されている。
綿貫礼子編／吉田由布子・二神淑子・J.サァキャン	**放射能汚染が未来世代に及ぼすもの**	四六 224頁	1890円	ISBN 978-4-7948-0894-3 〔12〕	【「科学」を問い、脱原発の思想を紡ぐ】落合恵子氏、上野千鶴子氏ほか紹介。女性の視点によるチェルノブイリ25年研究。低線量被曝に対する健康影響過小評価の歴史を検証。
矢部史郎	**放射能を食えというならそんな社会はいらない、ゼロベクレル派宣言**	四六 212頁	1890円	ISBN 978-4-7948-0906-3 〔12〕	「拒否の思想」と私たちの運動の未来。「放射能拡散問題」を思想・科学・歴史的射程で討ち抜き、フクシマ後の人間像と世界像を彫琢する刺激にみちた問答。聞き手・序文=池上善彦
関満博	**東日本大震災と地域産業Ⅰ**	A5 296頁	2940円	ISBN 978-4-7948-0887-5 〔11〕	〔2011.3~10.1／人びとの「現場」から〕茨城・岩手・宮城・福島各地の「現場」に、復旧・復興への希望と思いを聴きとる。20世紀後半型経済発展モデルとは異質な成熟社会に向けて!
関満博	**東日本大震災と地域産業Ⅱ**	A5 368頁	3990円	ISBN 978-4-7948-0918-6 〔12〕	〔2011.10~2012.8.31／立ち上がる「まち」の現場から〕3・11後の現場報告第2弾! 復興の第二段階へと踏み出しつつある被災各地の小さなまちで、何が生まれようとしているのか。
江澤誠	**脱「原子力ムラ」と脱「地球温暖化ムラ」**	四六 224頁	1890円	ISBN 978-4-7948-0914-8 〔12〕	【いのちのための思考へ】「原発」と「地球温暖化政策」の雁行の歩みを辿り直し、いのちの問題を排除する偽「クリーン国策事業」の本質と「脱すべきもの」の核心に迫る。

価格税込